CARTEA DE REȚETE BARURI DE ÎNGHEȚATĂ DE NEEGALAT

Construiește-ți propriile vise de înghețată cu 100 de creații delicioase

Marius Diaconu

Material cu drepturi de autor ©2024

Toate drepturile rezervate

Nicio parte a acestei cărți nu poate fi utilizată sau transmisă sub nicio formă sau prin orice mijloc fără acordul scris corespunzător al editorului și al proprietarului drepturilor de autor, cu excepția citatelor scurte utilizate într-o recenzie. Această carte nu trebuie considerată un substitut pentru sfaturi medicale, juridice sau alte sfaturi profesionale.

CUPRINS

- CUPRINS 3
- INTRODUCERE 6
- **SUNDALES CLASICE** 7
  1. Sundae Banana Split 8
  2. Sundae cu fudge fierbinte 10
  3. Clasic Brownie Sundae 12
  4. Sundae de prăjitură cu căpșuni 14
  5. Turtle Sundae 16
  6. Sundae cu ciocolată cu mentă 18
  7. Cupă cu unt de arahide 20
  8. Sundae clasic de ciocolată 22
  9. Caramel Crunch Sundae 24
  10. Biscuiți și sundae cu cremă 26
  11. Cafea Caramel Sundae 28
  12. Sundae cu susul în jos cu ananas 30
  13. Zmeura Ripple Sundae 32
  14. Sundae cu mango Tango 34
  15. Sundae napolitană 36
  16. Rocky Road Sundae 38
  17. Sundae Cherry Garcia 40
  18. Sundae de covrigi cu caramel sărat 42
  19. Sundae cu chips de mentă 44
  20. Gloria Knickerbocker 46
  21. Sundae cu piersici Melba 48
  22. Sundae cu nuci de ciocolată 50
- **FUDGE ȘI SOSURI** 52
  23. Fudge fierbinte mexican 53
  24. Sos Ripple de Zmeură 55
  25. Vârtej de Caramel Sărat 57
  26. Deliciu de ciocolată albă 59
  27. Sirop de ciocolată de casă 61
  28. Caramel cu lapte de capră 63
  29. Sos de zmeura de casa 65
  30. Sos de unt 67
  31. Sos de capsuni 69
  32. Sos Caramel 71
  33. Sos Caramel de Fructul Pasiunii 73
  34. Sos de înghețată cu unt de arahide 75
  35. Sos de afine-lămâie 77
  36. Sos Bourbon de piersici 79
  37. Reducere Zmeura-balsamic 81

GARNITURILE DE FRUCTE 83
38. COMPOT DE CIREȘE-HIBISCUS 84
39. MANGO PICANT 86
40. CUBURI DE GHEAȚĂ CU FRUCTE 89
41. ANANAS LA GRĂTAR 91
42. PIERSICI LA GRATAR CU SCORTISOARA-ZAHAR 93
43. ANANAS LA GRĂTAR CU MIERE ȘI LĂMÂIE 95
44. CĂPȘUNI GLAZURATE CU BALSAMIC 97
45. PEPENE VERDE LA GRĂTAR 99

GARNITURI DE NUCI ȘI SEMINȚE 101
46. SEMINTE DE DOVLEAC CONFIATE 102
47. NUCI PECAN CARAMELIZATE PILONCILLO 104
48. TOPPING CU CRUMBLE DE MIGDALE 106
49. FULGI DE COCOS PRĂJIȚI 108
50. NUCI GLAZURATE CU MIERE 110
51. CRUMBLE CU FISTIC 112
52. ALUNE GLAZURATE CU ARȚAR 114
53. PRALINĂ DIN SEMINȚE DE SUSAN 116

CONURI DE INGHETATA 118
54. CONURI DE ZAHĂR 119
55. CONURI DE ÎNGHEȚATĂ CROCANTE DE OREZ CU NUCĂ DE COCOS 121
56. CONURI DE VAFE 123
57. CONURI DE VAFE DE CASĂ FĂRĂ GLUTEN 125
58. MINI CONURI DE ÎNGHEȚATĂ DE CIOCOLATĂ DE CASĂ 127
59. CONURI DE INGHETATA PENTRU CHIUVETA DE BUCATARIE 130
60. CORNET DE INGHETATA BISCOFF 132

TOPPING DE FRUCTE BRACONATE 134
61. PERE POȘATE PROSECCO 135
62. PERE POȘATE VIN ROȘU 137
63. VIN ROSÉ -CAISE BRACONATE 140
64. VIN- SMOCHINE POȘATE CU GELAT 142
65. ANANAS POȘAT ROM ȘI ARȚAR 144
66. CLEMENTINE CARAMELIZATE CU RACHIU 146
67. KIWI BRACONAT CU CONDIMENTE 148
68. MANGO POȘAT ÎN SIROP DE GHIMBIR ZOBO 150
69. MERIȘOARE POȘATE CU MIERE ȘI CONDIMENTE 152
70. FRUCTE DE PADURE POACHED OLD BREW 154
71. PERE POȘATE CU CAFEA 156
72. MĂR GALBEN BRACONAT 158
73. GUTUI BRACONAT 160
74. PERE EXOTICE CU HIBISCUS 162
75. PERE ASIATICE BRACONATE CU CEAI VERDE 164
76. PRUNE POȘATE CU CEAI 167

FORME GHEAȚATE 169
77. Forme de iaurt crocant 170
78. Scoarță de iaurt înghețată cu fructe 172
79. Pops cu banane înmuiate în ciocolată 174

MARMALADE 176
80. Marmeladă de ananas-habanero 177
81. Marmeladă de portocale 179
82. Marmeladă de lămâie 181
83. Marmeladă de grepfrut 183
84. Marmeladă de Zmeură 185
85. Marmeladă de căpșuni 187
86. Marmeladă mixtă de fructe de pădure 189

TOPPINGURI DE FRȘȘINĂ 191
87. Frisca Vanilie Si Tequila 192
88. Frisca de ciocolata 194
89. Frisca de fructe de padure 196
90. Frisca de Caramel Sarat 198
91. Frișcă de cafea 200
92. Frisca de lamaie 202
93. Frișcă de marshmallow prăjită 204

COOKIE ȘI PRODUSE DE COAPTE 206
94. Bucăți de Brownie 207
95. Prăjiturele scurte 209
96. Biscuiți cu fulgi de ovăz 211
97. Mușcături din aluat de biscuiți cu ciocolată 213
98. Blondie Squares 215
99. Bucăți de conuri de vafe 217
100. Biscotti 219

CONCLUZIE 221

INTRODUCERE

Bine ați venit la „CARTEA DE REȚETE BARURI DE ÎNGHEȚATĂ DE NEEGALAT: Construiește-ți propriile vise de înghețată cu 100 de creații delicioase." Sundae-urile sunt o tradiție îndrăgită, oferind posibilități nesfârșite de a crea capodopere personalizate de înghețată. În această carte de bucate, vă invităm să vă dezlănțuiți creativitatea și să vă răsfățați cu plăcerea dulce de a vă construi propriile sundaes cu o colecție de 100 de rețete delicioase care vor satisface orice poftă.

Sundae-urile sunt mai mult decât un desert; sunt o sărbătoare a aromei, texturii și distracției. În această carte de bucate, vom prezenta gama variată de ingrediente, toppinguri și sosuri care fac din batoanele de sundae un deliciu îndrăgit pentru oamenii de toate vârstele. De la combinații clasice, cum ar fi fudge fierbinte și caramel, până la creații inovatoare cu fructe proaspete, bomboane și nuci, există ceva de care să se bucure toată lumea în aceste pagini.

Fiecare rețetă din această carte de bucate este realizată cu grijă și atenție la detalii, asigurându-se că fiecare mușcătură este o aventură delicioasă. Indiferent dacă îți poftești ceva dulce, sărat, crocant sau fructat, vei găsi o mulțime de inspirație în aceste pagini. Cu instrucțiuni clare, sfaturi utile și fotografii uimitoare, „CARTEA DE REȚETE BARURI DE ÎNGHEȚATĂ DE NEEGALAT" facilitează crearea experiențelor de înghețată de neuitat în propria ta casă.

Așadar, strângeți toppingurile preferate, scoateți aromele preferate de înghețată și pregătiți-vă să vă construiți propriile vise de înghețată cu „CARTEA DE REȚETE BARURI DE ÎNGHEȚATĂ DE NEEGALAT" ca ghid. Fie că găzduiești o petrecere de naștere, plănuiești o întâlnire de familie sau pur și simplu te răsfeți cu un desert special, aceste rețete cu siguranță vor încânta și vor impresiona cu fiecare lingură.

SUNDALES CLASICE

1.Sundae Banana Split

INGREDIENTE:
- 1 banană coaptă, împărțită pe lungime
- 3 linguri de inghetata de vanilie
- 3 linguri de inghetata de ciocolata
- 3 linguri de inghetata de capsuni
- Sos de ciocolata
- Sos de capsuni
- Topping de ananas
- Frisca
- cireșe maraschino
- nuci tocate (optional)

INSTRUCȚIUNI:
a) Puneți banana împărțită într-un vas lung sau într-un castron în formă de barcă.
b) Aranjați linguri de înghețată de vanilie, ciocolată și căpșuni între jumătățile de banană.
c) Stropiți sos de ciocolată peste înghețata de ciocolată, sos de căpșuni peste înghețata de căpșuni și topping de ananas peste înghețata de vanilie.
d) Acoperiți cu frișcă, cireșe maraschino și nuci tocate, dacă doriți.
e) Serviți imediat și bucurați-vă de combinația clasică de arome!

2.Sundae cu fudge fierbinte

INGREDIENTE:
- 2 linguri de inghetata de vanilie
- Sos de fudge fierbinte
- Frisca
- nuci tocate (optional)
- cireș maraschino

INSTRUCȚIUNI:
a) Pune două linguri de înghețată de vanilie într-un castron sau un vas de sticlă.
b) Încingeți sosul de fudge fierbinte și turnați generos peste înghețată.
c) Deasupra cu o praf de frisca.
d) Presarati nuci tocate peste frisca daca doriti.
e) Decorați cu o cireșă maraschino deasupra.
f) Serviți imediat, lăsând sosul de fudge cald să se topească în înghețată pentru un răsfăț decadent.

3.Clasic Brownie Sundae

INGREDIENTE:
- 1 brownie, încălzit
- 2 linguri de inghetata de vanilie
- Sos de ciocolata
- Frisca
- nuci tocate (optional)
- cireș maraschino

INSTRUCȚIUNI:
a) Puneți un brownie cald într-un bol sau farfurie.
b) Acoperiți cu două linguri de înghețată de vanilie.
c) Stropiți sos de ciocolată peste înghețată și brownie.
d) Adăugați deasupra o praf de frișcă.
e) Presarati nuci tocate peste frisca daca doriti.
f) Se ornează cu o cireșă maraschino.
g) Serviți imediat, lăsând brownie-ul cald să se topească cu înghețata rece pentru un contrast încântător de texturi și arome.

4.Sundae de prăjitură cu căpșuni

INGREDIENTE:
- 1 felie de prăjitură sau pandișpan
- 2 linguri de inghetata de vanilie
- Căpșuni proaspete, feliate
- Sos de capsuni
- Frisca
- Frunze de menta pentru decor

INSTRUCȚIUNI:
a) Puneți o felie de prăjitură sau pandișpan într-un castron sau farfurie.
b) Adăugați două linguri de înghețată de vanilie deasupra tortului.
c) Aranjați felii de căpșuni proaspete peste înghețată.
d) Stropiți generos sos de căpșuni peste căpșuni și înghețată.
e) Deasupra cu o praf de frisca.
f) Se ornează cu o crenguță de mentă.
g) Serviți imediat și bucurați-vă de combinația încântătoare de arome care amintește de o prăjitură clasică cu căpșuni.

5. Turtle Sundae

INGREDIENTE:
- 2 linguri de inghetata de vanilie
- Sos de caramel
- Sos de fudge fierbinte
- Nuci pecan tocate
- Frisca
- cireș maraschino

INSTRUCȚIUNI:
a) Pune două linguri de înghețată de vanilie într-un bol sau vas.
b) Peste înghețată se stropește generos sos de caramel.
c) Urmați cu un strop de sos de fudge fierbinte.
d) Presărați nuci pecan tocate peste sosuri.
e) Adăugați deasupra o praf de frișcă.
f) Se ornează cu o cireșă maraschino.
g) Serviți imediat și bucurați-vă de aromele bogate și indulgente ale acestui sundae clasic.

6.Sundae cu ciocolată cu mentă

INGREDIENTE:
- 2 linguri de inghetata cu ciocolata cu menta
- Sos de ciocolata
- Frisca
- Menta de Anzi, tocata
- Crenguta de menta pentru garnitura

INSTRUCȚIUNI:
a) Pune două linguri de înghețată cu ciocolată cu mentă într-un castron sau farfurie.
b) Peste inghetata se stropesc generos sos de ciocolata.
c) Deasupra cu o praf de frisca.
d) Presărați mentă Andes tocată peste frișcă.
e) Se ornează cu o crenguță de mentă proaspătă.
f) Serviți imediat și bucurați-vă de combinația răcoritoare de arome de mentă și ciocolată.

7.Cupă cu unt de arahide

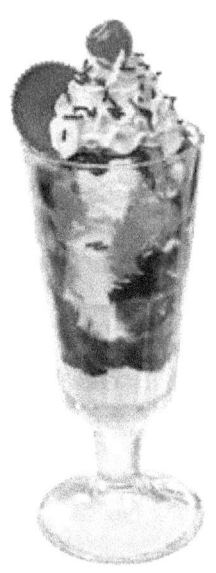

INGREDIENTE:
- 2 linguri de inghetata de ciocolata
- Sos de unt de arahide
- Sos de fudge fierbinte
- Cupe cu unt de arahide tocate
- Frisca
- Chipsuri de unt de arahide pentru ornat

INSTRUCȚIUNI:
a) Pune două linguri de înghețată de ciocolată într-un castron sau farfurie.
b) Peste înghețată se stropește generos sos de unt de arahide.
c) Urmați cu un strop de sos de fudge fierbinte.
d) Presărați cupe cu unt de arahide tocat peste sosuri.
e) Adăugați deasupra o praf de frișcă.
f) Se ornează cu chipsuri de unt de arahide.
g) Serviți imediat și bucurați-vă de combinația irezistibilă de arome de ciocolată și unt de arahide.

8.Sundae clasic de ciocolată

INGREDIENTE:
- 2 linguri de inghetata de ciocolata
- Sos de ciocolata
- Frisca
- Stropi de ciocolată
- cireș maraschino

INSTRUCȚIUNI:
a) Pune două linguri de înghețată de ciocolată într-un castron sau farfurie.
b) Peste inghetata se stropesc generos sos de ciocolata.
c) Deasupra cu o praf de frisca.
d) Presarati stropi de ciocolata peste frisca.
e) Se ornează cu o cireșă maraschino.
f) Serviți imediat și bucurați-vă de aspectul atemporal al acestui sundae clasic de ciocolată.

9. Caramel Crunch Sundae

INGREDIENTE:
- 2 linguri de inghetata de vanilie
- Sos de caramel
- Fursecuri zdrobite cu unt sau floricele de porumb caramel
- Frisca
- Fulgi de sare de mare (optional)

INSTRUCȚIUNI:
a) Pune două linguri de înghețată de vanilie într-un bol sau vas.
b) Peste înghețată se stropește generos sos de caramel.
c) Presărați prăjituri zdrobite sau floricele de porumb caramel peste sosul de caramel.
d) Adăugați deasupra o praf de frișcă.
e) Dacă doriți, presărați un praf de fulgi de sare de mare peste frișcă pentru un contrast dulce-sărat.
f) Serviți imediat și bucurați-vă de combinația încântătoare de vanilie cremoasă, caramel bogat și textura crocantă.

10. Biscuiți și sundae cu cremă

INGREDIENTE:
- 2 linguri de fursecuri si crema de inghetata
- Sos de ciocolata
- Fursecuri de tip sandwich cu ciocolată zdrobită
- Frisca
- Mini chipsuri de ciocolată sau așchii de ciocolată

INSTRUCȚIUNI:
a) Pune două linguri de prăjituri și înghețată într-un bol sau vas.
b) Peste inghetata se stropesc generos sos de ciocolata.
c) Peste sosul de ciocolată se presară prăjituri de tip sandwich cu ciocolată zdrobită.
d) Adăugați deasupra o praf de frișcă.
e) Ornați cu mini chipsuri de ciocolată sau așchii de ciocolată.
f) Serviți imediat și bucurați-vă de prăjiturile clasice și aroma de smântână cu o notă de ciocolată.

11. Cafea Caramel Sundae

INGREDIENTE:
- 2 linguri de inghetata de cafea sau espresso
- Sos de caramel
- Boabe espresso acoperite cu ciocolata, tocate
- Frisca
- Scorțișoară măcinată sau pudră de cacao pentru praf

INSTRUCȚIUNI:
a) Pune două linguri de cafea sau înghețată espresso într-un castron sau farfurie.
b) Peste înghețată se stropește generos sos de caramel.
c) Presărați boabe espresso mărunțite acoperite cu ciocolată peste sosul de caramel.
d) Adăugați deasupra o praf de frișcă.
e) Pudrați ușor cu scorțișoară măcinată sau pudră de cacao pentru un plus de aromă și atracție vizuală.
f) Serviți imediat și savurați combinația încântătoare de cafea bogată, caramel dulce și ciocolată crocantă.

12. Sundae cu susul în jos cu ananas

INGREDIENTE:
- 2 linguri de inghetata de vanilie
- Bucăți de ananas, la grătar sau caramelizate
- cireșe maraschino
- Frisca
- Sos de caramel

INSTRUCȚIUNI:
a) Pune două linguri de înghețată de vanilie într-un bol sau vas.
b) Acoperiți cu bucăți de ananas la grătar sau caramelizat.
c) Se ornează cu cireșe maraschino.
d) Adăugați deasupra o praf de frișcă.
e) Peste frișca se stropește sos de caramel.
f) Serviți imediat și bucurați-vă de aromele tropicale ale acestui sundae încântător.

13. Zmeura Ripple Sundae

INGREDIENTE:
- 2 linguri de inghetata de vanilie
- Zmeura proaspata
- Sos de zmeura sau coulis
- Frisca
- Așchii de ciocolată albă

INSTRUCȚIUNI:
a) Pune două linguri de înghețată de vanilie într-un bol sau vas.
b) Presarati zmeura proaspata peste inghetata.
c) Stropiți sos de zmeură sau coulis peste zmeură și înghețată.
d) Adăugați deasupra o praf de frișcă.
e) Se ornează cu așchii de ciocolată albă.
f) Serviți imediat și răsfățați-vă cu aromele dulci-tartă ale acestui sundae cu zmeură.

14. Sundae cu mango Tango

INGREDIENTE:
- 2 linguri de sorbet de mango
- Felii de mango proaspete
- Fulgi de cocos prajiti
- Sos de mango sau piure
- Frisca
- Frunze de menta pentru decor

INSTRUCȚIUNI:
a) Pune două linguri de sorbet de mango într-un castron sau farfurie.
b) Aranjați felii de mango proaspete peste sorbet.
c) Presărați fulgi de cocos prăjiți peste feliile de mango.
d) Stropiți peste sundae sos de mango sau piure.
e) Adăugați deasupra o praf de frișcă.
f) Se ornează cu frunze de mentă.
g) Serviți imediat și bucurați-vă de senzația de gust tropical a acestui sundae de mango tango.

15. Sundae napolitană

INGREDIENTE:
- 1 lingură de înghețată de vanilie, ciocolată și căpșuni
- Sos de capsuni
- Sos de ciocolata
- Frisca
- Stropi de ciocolată

INSTRUCȚIUNI:
a) Puneți câte o lingură de înghețată de vanilie, ciocolată și căpșuni într-un bol sau vas, una lângă alta.
b) Stropiți sos de căpșuni peste înghețata de căpșuni și sos de ciocolată peste înghețata de ciocolată.
c) Adaugati cate o lingura de frisca deasupra fiecarei lingura.
d) Presarati stropi de ciocolata peste frisca.
e) Serviți imediat și bucurați-vă de aromele clasice ale înghețatei napolitane sub formă de sundae.

16. Rocky Road Sundae

INGREDIENTE:
- 2 linguri de inghetata de ciocolata
- Cremă de marshmallow sau puf
- Nuci tocate (cum ar fi migdale sau nuci)
- Sos de ciocolata
- Frisca
- Mini marshmallows pentru garnitură

INSTRUCȚIUNI:
a) Pune două linguri de înghețată de ciocolată într-un castron sau farfurie.
b) Peste inghetata se pune crema de marshmallow sau puf.
c) Presarati nuci tocate peste stratul de marshmallow.
d) Stropiți cu generozitate sos de ciocolată peste nuci.
e) Adăugați deasupra o praf de frișcă.
f) Se ornează cu mini marshmallows.
g) Serviți imediat și bucurați-vă de combinația clasică de ciocolată, marshmallow și nuci.

17. Sundae Cherry Garcia

INGREDIENTE:
- 2 linguri de inghetata de cirese vanilie
- Umplutură de plăcintă cu cireșe sau cireșe proaspete, fără sâmburi
- Bucăți de ciocolată sau fulgi de ciocolată
- Frisca
- Așchii de ciocolată pentru decor

INSTRUCȚIUNI:
a) Pune două linguri de înghețată de cireșe vanilie într-un castron sau vas.
b) Peste înghețată puneți umplutura de plăcintă cu cireșe sau cireșe proaspete.
c) Presărați bucăți de ciocolată sau bucăți de ciocolată peste cireșe.
d) Adăugați deasupra o praf de frișcă.
e) Se ornează cu așchii de ciocolată.
f) Serviți imediat și bucurați-vă de combinația încântătoare de cireșe și ciocolată.

18. Sundae de covrigi cu caramel sărat

INGREDIENTE:
- 2 linguri de inghetata caramel sarata
- Sos de caramel
- Covrigei zdrobiți
- Frisca
- Fulgi de sare de mare
- Tija de covrig pentru ornat

INSTRUCȚIUNI:
a) Pune două linguri de înghețată caramel cu sare într-un castron sau vas.
b) Peste înghețată se stropește generos sos de caramel.
c) Presărați covrigi zdrobiți peste sosul de caramel.
d) Adăugați deasupra o praf de frișcă.
e) Presarati fulgi de sare de mare peste frisca.
f) Se ornează cu o tijă de covrig.
g) Serviți imediat și bucurați-vă de aromele dulci și sărate ale acestui sundae.

19.Sundae cu chips de mentă

INGREDIENTE:
- 1 brownie, încălzit
- 2 linguri de inghetata cu ciocolata cu menta
- Sos de ciocolata
- Frisca
- Menta de Anzi, tocata
- Frunze de mentă proaspătă pentru decor

INSTRUCȚIUNI:
a) Puneți un brownie cald într-un bol sau farfurie.
b) Adăugați două linguri de înghețată cu ciocolată cu mentă deasupra brownie-ului.
c) Peste inghetata se stropesc generos sos de ciocolata.
d) Adăugați deasupra o praf de frișcă.
e) Presărați mentă Andes tocată peste frișcă.
f) Se ornează cu frunze de mentă proaspătă.
g) Serviți imediat și bucurați-vă de combinația indulgentă de ciocolată și mentă.

20.Gloria Knickerbocker

INGREDIENTE:
- căpșuni proaspete și cireșe
- 2 linguri de inghetata de vanilie
- 6 până la 8 linguri jeleu de fructe
- sos de capsuni sau zmeura
- 2 linguri de inghetata de capsuni
- 1/2 cană smântână groasă, bătută
- migdale feliate prăjite

INSTRUCȚIUNI:
a) Aranjați puțin fructe proaspete în baza a două pahare de sundae răcite. Adaugati o lingura de inghetata de vanilie, apoi niste jeleu de fructe si putin sos de fructe.
b) Apoi adăugați înghețată de căpșuni, apoi mai mult sos de fructe. Acum acoperiți cu frișcă, fructe proaspete și nuci, urmate de mai mult sos și câteva nuci.
c) Reveniți la congelator pentru cel mult 30 de minute sau mâncați imediat. Acestea nu sunt pentru păstrare, așa că pregătiți-vă după cum este necesar.
d) Este o idee bună să aveți pregătite o selecție de ingrediente potrivite înainte de a începe, precum și pahare bine răcite.

21.Sundae cu piersici Melba

INGREDIENTE:
- 4 piersici mari coapte, decojite
- coaja rasa fin si zeama de la 1 lamaie
- 3 linguri de masă zahăr de cofetar
- 8 linguri de inghetata de vanilie

Pentru sosul Melba
- 1 1/2 cani de zmeura coapta
- 2 linguri jeleu de coacaze rosii
- 2 linguri de zahăr superfin

INSTRUCȚIUNI:
a) Tăiați piersicile în jumătate și îndepărtați sâmburele. Împachetați strâns jumătățile de piersici într-un vas rezistent la cuptor și ungeți-le cu suc de lămâie. Stropiți generos cu zahăr de cofetă. Pune vasul sub un grill preîncălzit timp de 5 până la 7 minute sau până când devine auriu și clocotește. Lasa sa se raceasca.
b) Pentru a face sosul, încălziți zmeura cu jeleu și zahăr, apoi presați-le printr-o sită. Lasa sa se raceasca.
c) Aranjați piersicile pe un platou de servire cu 1 sau 2 linguri de înghețată. Stropiți cu sos melba și terminați cu bucăți de coajă de lămâie.

22. Sundae cu nuci de ciocolată

INGREDIENTE:
- 1 lingură de înghețată bogată de ciocolată
- 1 lingură de înghețată cu nuci pecan
- 2 linguri sos de ciocolata
- 2 linguri amestecuri de nuci prajite
- fulgi, bucle sau stropi de ciocolată

INSTRUCȚIUNI:
a) Aranjați cele două linguri de înghețată într-un vas de sundae răcit.
b) Stropiți cu sos de ciocolată și apoi stropiți cu nuci și ciocolată.

FUDGE ȘI SOSURI

23.Fudge fierbinte mexican

INGREDIENTE:
- ⅔ cană smântână groasă
- ½ cană sirop ușor de porumb
- ¼ cană zahăr brun închis la pachet
- ¼ cană pudră de cacao neîndulcită din proces olandez
- ½ lingurita sare kosher
- 6 uncii de ciocolată mexicană de bună calitate, tocată
- 2 linguri de unt nesarat
- 1 lingurita extract pur de vanilie

INSTRUCȚIUNI:
a) Într-o cratiță, combinați smântana, siropul de porumb, zahărul brun, pudra de cacao, sarea și jumătate din ciocolata tocată. Aduceți la fiert la foc mediu și gătiți, amestecând continuu, până când ciocolata se topește și amestecul este omogen.
b) Reduceți focul la mic și fierbeți ușor, amestecând din când în când, până când amestecul se îngroașă ușor, aproximativ 5 minute. Adăugați untul și restul de ciocolată tocată și amestecați până se omogenizează. Se ia de pe foc, se adauga vanilia si se lasa sa se raceasca.
c) Păstrată într-un recipient ermetic la frigider, fudge-ul fierbinte se va păstra până la 2 săptămâni. Serviți sosul cald.

24. Sos Ripple de Zmeură

INGREDIENTE:
- 1 cană de zmeură proaspătă sau congelată
- 1/4 cană zahăr granulat
- 2 linguri de apa
- 1 lingura suc de lamaie

INSTRUCȚIUNI:
a) Într-o cratiță, combinați zmeura, zahărul, apa și sucul de lămâie.
b) Se încălzește amestecul la foc mediu, amestecând din când în când până când zmeura se descompune și zahărul se dizolvă.
c) Odată ce amestecul ajunge la fierbere, reduceți focul la mic și lăsați să fiarbă aproximativ 10-15 minute, sau până se îngroașă.
d) Utilizați o strecurătoare cu plasă fină pentru a strecura semințele, apăsând pe solide pentru a extrage cât mai mult lichid posibil.
e) Lăsați sosul de zmeură să se răcească înainte de utilizare.

25.Vârtej de Caramel Sărat

INGREDIENTE:
- 1 cană zahăr granulat
- 1/4 cană apă
- 1/2 cană smântână groasă
- 4 linguri de unt nesarat
- 1 lingurita sare de mare
- 1 lingurita extract de vanilie

INSTRUCȚIUNI:
a) Într-o cratiță, amestecați zahărul granulat și apa la foc mediu. Se amestecă până se dizolvă zahărul.
b) Lasam amestecul sa fiarba fara a amesteca pana ajunge la o culoare chihlimbar profund.
c) Adăugați cu grijă smântâna groasă în timp ce amestecați constant. Fiți atenți deoarece amestecul va bule.
d) Se amestecă untul până se topește complet și se omogenizează.
e) Se ia de pe foc și se amestecă cu sare de mare și extract de vanilie.
f) Lăsați caramelul sărat să se răcească puțin înainte de utilizare.

26. Deliciu de ciocolată albă

INGREDIENTE:
- 1 cana chipsuri de ciocolata alba sau ciocolata alba tocata marunt
- 1/2 cană smântână groasă
- 2 linguri de unt nesarat
- 1 lingurita extract de vanilie

INSTRUCȚIUNI:
a) Într-un castron rezistent la căldură, combinați chipsurile de ciocolată albă, smântâna groasă și untul.
b) Creați un cazan dublu punând vasul peste o oală cu apă clocotită, asigurându-vă că fundul vasului nu atinge apa.
c) Amestecați amestecul până când ciocolata albă și untul se topesc și amestecul devine omogen.
d) Se ia de pe foc și se amestecă cu extract de vanilie.
e) Lăsați sosul deliciu de ciocolată albă să se răcească ușor înainte de utilizare.

27.Sirop de ciocolată de casă

INGREDIENTE:
- 1 cană (8 fl oz / 225 ml) apă
- 1/4 cană (2 oz / 57 g) zahăr (verificați notele pentru utilizarea zaharurilor naturale)
- 3/4 cană (3 oz / 85 g) cacao neîndulcită
- 1 1/2 linguriță extract de vanilie
- 1/8 lingurita sare

INSTRUCȚIUNI:
a) Într-o cratiță cu fundul greu, amestecați zahărul și apa. Aduceți amestecul la fiert la foc mediu-mic până când zahărul se dizolvă complet.
b) Se amestecă pudra de cacao până când amestecul nu are cocoloașe. Lăsați amestecul să fiarbă aproximativ 2 minute sau până se îngroașă, asigurând o amestecare constantă pentru a preveni arderea ciocolatei.
c) Opriți focul, apoi adăugați extract de vanilie și sare în amestec.
d) Transferați siropul de ciocolată într-un recipient ermetic și păstrați-l la frigider până la 12 săptămâni.
e) Pregătește-te să fii uimit de gustul încântător al acestui sirop de ciocolată de casă, care îți va ridica deliciile la un nivel cu totul nou!

28.Caramel cu lapte de capră

INGREDIENTE:
- 4 căni de lapte de capră sau o combinație de lapte de vacă și de capră, de preferință nepasteurizat
- 1¼ cană de zahăr
- ¼ linguriță de bicarbonat de sodiu
- ½ linguriță extract pur de vanilie
- Un praf de sare cușer

INSTRUCȚIUNI:
a) Într-o cratiță mare cu fundul greu, amestecați laptele, zahărul și bicarbonatul de sodiu.
b) Aduceți la fierbere la foc mare, apoi reduceți focul pentru a menține o fierbere puternică și gătiți, amestecând din când în când, până când amestecul s-a îngroșat și are culoarea caramelului închis, 1 până la 1 oră și jumătate; se amestecă mai des pe măsură ce amestecul devine mai gros.
c) Transferați într-un bol termorezistent și lăsați să se răcească. Se amestecă vanilia și sarea. Păstrat într-un recipient ermetic la frigider, caramelul se va păstra până la 10 zile.

29.Sos de zmeura de casa

INGREDIENTE:
- 4 căni (20 oz / 568 g) de zmeură, proaspătă sau congelată
- 1/3 cană (1 1/2 oz / 43 g) zahăr
- 1/4 cană (2 fl oz / 57 ml) apă

INSTRUCȚIUNI:
a) Combinați toate ingredientele într-o cratiță medie.
b) Se fierbe amestecul timp de 5 minute, lasand zmeura sa se descompuna si sa formeze un sos gros.
c) Odată ce boabele s-au rupt, scoateți cratita de pe foc și treceți amestecul printr-o strecurătoare pentru a elimina orice semințe.
d) Transferați sosul de zmeură strecurat într-un recipient ermetic la alegere.
e) Păstrați sosul de zmeură la frigider până la 4 zile. Alternativ, poate fi congelat pentru o depozitare mai lungă.

30.Sos de unt

INGREDIENTE:
- 1/4 cană (2 oz / 57 g) unt
- 1/2 cană (4 fl oz / 115 ml) smântână groasă
- 1/2 cană (3 oz / 85 g) zahăr brun (vezi notele)
- 1 lingurita extract de vanilie
- 1/8 linguriță sare mare fulgi

INSTRUCȚIUNI:

a) Într-o cratiță medie, combinați untul, smântâna și zahărul brun la foc mediu. Rotiți ușor tigaia până când zahărul s-a dizolvat complet.

b) Odată ce zahărul s-a dizolvat, lăsați amestecul să fiarbă netulburat timp de 4-6 minute.

c) Se ia cratita de pe foc si se adauga extractul de vanilie si sarea mare din fulgi.

d) Transferați sosul de caramel într-un recipient ermetic și păstrați-l la frigider până la 8 săptămâni.

31.Sos de capsuni

INGREDIENTE:
- 1 lb (16 oz) căpșuni, tocate
- 1/2 cană zahăr vanilat
- 1 lingurita suc de lamaie
- Un praf de sare de mare

INSTRUCȚIUNI:
a) Într-o cratiță, combinați căpșunile tocate și zahărul vanilat la foc mediu.
b) Amestecați amestecul până când căpșunile încep să-și elibereze sucul și zahărul începe să se dizolve.
c) Adăugați sucul de lămâie și un praf de sare de mare, amestecând ușor pentru a se combina.
d) Fierbeți amestecul la foc mic-mediu timp de aproximativ 10-15 minute, sau până când căpșunile s-au înmuiat și sosul s-a îngroșat până la consistența dorită.
e) Scoateți cratita de pe foc și lăsați sosul de căpșuni să se răcească.
f) Odată răcit, transferați sosul de căpșuni într-un borcan sau într-un recipient ermetic și dați-l la frigider.
g) Servește sosul de căpșuni peste deserturi, clătite, înghețată sau orice fel de mâncare care ar putea folosi o explozie de aromă dulce de căpșuni.

32.Sos Caramel

INGREDIENTE:
- 1 cană de zahăr brun la pachet
- 1/2 cana unt nesarat
- 1/4 cană lapte
- 1 lingurita extract de vanilie (Optional)

INSTRUCȚIUNI:

a) Într-o cratiță la foc mediu, aduceți zahărul brun, untul și laptele la fiert. Lăsați ingredientele să fiarbă până se îngroașă, ceea ce durează de obicei 1 până la 2 minute.

b) Dacă doriți, adăugați extractul de vanilie după ce ați îndepărtat amestecul de pe foc. Lasati caramelul sa se raceasca putin inainte de utilizare.

c) Stropiți acest sos de caramel bogat și cremos peste deserturile preferate. Adaugă o dulceață luxoasă, care vă va mulțumi cu siguranță pofta de dulce.

d) Asociați acest sos de caramel indulgent cu o varietate de deserturi, cum ar fi floricele de porumb, crocante de mere condimentate sau înghețată pe bază de cafea pentru un fel final delicios.

33.Sos Caramel de Fructul Pasiunii

INGREDIENTE:
- 2 căni de zahăr
- ½ cană apă
- 2 lingurite sirop de porumb usor
- 1⅓ cani de piure de fructul pasiunii
- 4 linguri de unt nesarat, taiate bucatele
- ½ lingurita sare kosher

INSTRUCȚIUNI:
a) Într-o cratiță mare cu fundul greu, combinați zahărul, apa și siropul de porumb. Aduceți la fiert la foc mediu, amestecând pentru a dizolva zahărul și, din când în când, ungeți părțile laterale ale cratiței cu o perie umedă de patiserie pentru a îndeparta eventualele cristale de zahăr.
b) Creșteți căldura la mediu-mare și lăsați să fiarbă fără a amesteca până când siropul capătă o culoare chihlimbar închis, aproximativ 8 minute. Scoateți tigaia de pe foc. Adăugați cu grijă piureul de fructul pasiunii (se va bule și stropi, așa că aveți grijă când îl turnați), untul și sare și bateți pentru a încorpora cât mai mult (caramelul se va întări puțin).
c) Puneți tigaia la foc mediu-mic, aduceți la fiert și gătiți, amestecând, până când caramelul s-a dizolvat și sosul este omogen. Se ia de pe foc si se lasa sa se raceasca. Păstrat într-un recipient ermetic la frigider, sosul se va păstra până la 10 zile.
d) Serviți sosul cald sau la temperatura camerei.

34. Sos de înghețată cu unt de arahide

INGREDIENTE:

- 1/4 cană (2 fl oz / 60 ml) smântână groasă
- 1/4 cană (2 oz / 57 g) unt
- 1/4 cană (2 oz / 57 g) zahăr granulat
- 1 lingura extract de vanilie
- 1 cană (8 oz / 225 g) unt de arahide sărat cremos, împărțit

INSTRUCȚIUNI:

a) Într-o cratiță mică, la foc mic, combinați smântâna groasă, untul și zahărul granulat. Se încălzește amestecul până când zahărul se dizolvă.

b) Scoateți cratita de pe foc și adăugați extract de vanilie și 1 cană (8 oz / 225 g) de unt de arahide.

c) Gustați sosul și adăugați o lingură suplimentară de unt de arahide dacă doriți o aromă mai pronunțată de unt de arahide.

d) Stropiți sosul peste un sundae cu înghețată și îmbunătățiți experiența cu fudge fierbinte și frișcă, dacă doriți.

e) Păstrați sosul într-un recipient ermetic la frigider pentru luni de zile. Reîncălziți ușor în cuptorul cu microunde timp de 30 de secunde sau pe aragaz la foc mic pentru a se lichefia înainte de utilizare.

35.Sos de afine-lămâie

INGREDIENTE:
- 1 cană de afine proaspete
- 2 linguri suc de lamaie
- 1/4 cană zahăr granulat
- 1 lingurita coaja de lamaie

INSTRUCȚIUNI:
a) Într-o cratiță mică, combinați afinele proaspete, sucul de lămâie, zahărul granulat și coaja de lămâie.
b) Gatiti la foc mediu, amestecand din cand in cand, pana cand afinele incep sa se descompuna si sa-si elibereze sucul, iar amestecul se ingroasa usor, aproximativ 5-7 minute.
c) Se ia de pe foc si se lasa sosul sa se raceasca putin.
d) Servește cald peste linguri de înghețată de vanilie sau desertul tău congelat preferat.
e) Păstrați orice sos rămas într-un recipient ermetic la frigider timp de până la o săptămână.

36. Sos Bourbon de piersici

INGREDIENTE:
- 2 cani de piersici feliate (proaspete sau conservate)
- 2 linguri de bourbon
- 1/4 cană zahăr brun
- 1/4 lingurita de scortisoara macinata
- Vârf de cuțit de sare

INSTRUCȚIUNI:
a) Într-o cratiță, combinați piersicile feliate, bourbonul, zahărul brun, scorțișoara și sarea.
b) Gatiti la foc mediu, amestecand din cand in cand, pana cand piersicile se inmoaie si amestecul s-a ingrosat usor, aproximativ 8-10 minute.
c) Se ia de pe foc si se lasa sosul sa se raceasca putin.
d) Servește cald peste linguri de înghețată de vanilie sau desertul tău congelat preferat.
e) Păstrați orice sos rămas într-un recipient ermetic la frigider timp de până la o săptămână.

37.Reducere Zmeura-balsamic

INGREDIENTE:
- 1 cană zmeură proaspătă
- 1/4 cana otet balsamic
- 2 linguri de zahar granulat

INSTRUCȚIUNI:
a) Într-o cratiță mică, combinați zmeura proaspătă, oțetul balsamic și zahărul granulat.
b) Gatiti la foc mediu, amestecand din cand in cand, pana cand zmeura se descompun si amestecul se ingroasa intr-o consistenta siropoasa, aproximativ 8-10 minute.
c) Se ia de pe foc și se strecoară amestecul printr-o sită cu ochiuri fine pentru a îndepărta semințele de zmeură.
d) Lăsați sosul să se răcească puțin înainte de servire.
e) Servește cald peste linguri de înghețată de vanilie sau desertul tău congelat preferat.
f) Păstrați orice sos rămas într-un recipient ermetic la frigider timp de până la o săptămână.

GARNITURILE DE FRUCTE

38. Compot de cirese-hibiscus

INGREDIENTE:
- 2 kg de cireșe Bing proaspete sau congelate, fără sâmburi (aproximativ 4½ căni)
- ¾ cană zahăr
- ½ cană apă
- ¾ cană de flori uscate de hibiscus Un praf mare de sare cușer

INSTRUCȚIUNI:
a) Într-o cratiță mare cu fundul greu, combinați toate ingredientele.
b) Aduceți la fierbere la foc mediu, apoi reduceți focul pentru a menține fierberea și gătiți, amestecând din când în când, până când sucurile sunt suficient de groase pentru a acoperi partea din spate a lingurii, aproximativ 10 minute.
c) Se ia de pe foc si se lasa sa se raceasca. Păstrat într-un recipient ermetic la frigider, compotul se va păstra până la 1 săptămână.
d) NOTĂ Prefer acest compot făcut cu cireșe Bing, dar orice tip de cireș dulce va funcționa frumos.

39. Mango picant

INGREDIENTE:
- 1 tei
- 1 kilogram de mango copt, dar ferm, 3 lingurițe de sare kosher
- 3 căni de zahăr
- 2 căni de apă
- ¼ cană sirop ușor de porumb
- ⅓ cană de chiles guajillo, piquín sau árbol măcinat sau o combinație

INSTRUCȚIUNI:

a) Cu ajutorul unui curățător de legume, îndepărtați coaja de lime în fâșii. Se dau suc de lamaie.

b) Curata mango de coaja si tai pulpa in bucati mari sau felii. Într-un castron, amestecați mango cu 1 linguriță de sare și sucul de lămâie.

c) Într-o cratiță mare, amestecați zahărul, apa, siropul de porumb și coaja de lămâie și aduceți la fierbere la foc mediu-mare. Reduceți focul la mediu-mic, adăugați bucățile de mango și fierbeți ușor timp de 20 de minute, amestecând din când în când. Se ia de pe foc, se acoperă tigaia cu un capac sau o bucată de cârpă și se lasă să stea peste noapte la temperatura camerei.

d) A doua zi, descoperă tigaia, pune-o la foc mediu și aduce siropul la fiert. Gatiti 20 de minute, amestecand din cand in cand si ajustand focul dupa cum este necesar pentru a mentine fierberea. Se ia de pe foc, se acopera cu un capac sau cu prosa de branza si se lasa sa stea peste noapte la temperatura camerei.

e) În a treia zi, descoperă încă o dată tigaia, pune-o la foc mediu și aduce la fiert. Se gateste doar 5 minute, amestecand din cand in cand, apoi se ia de pe foc si se lasa sa se raceasca la temperatura camerei. Odată ce se răcește, folosește o lingură cu fantă pentru a transfera bucățile de mango pe un grătar așezat peste o foaie de copt. Aruncați coaja de lămâie. Se lasă să se scurgă până când bucățile de mango nu mai sunt umede (vor fi lipicioase), 8 până la 10 ore.

f) Într-un castron, amestecați ardeii iute măcinați și restul de 2 lingurițe de sare. Lucrând în loturi, aruncați bucățile de mango în amestecul de chile până când sunt acoperite pe toate părțile. Depozitate într-un recipient ermetic într-un loc răcoros și uscat, mango se va păstra până la 1 lună.

40. Cuburi de gheață cu fructe

INGREDIENTE:
- 1 cană de zmeură în piure
- 1 cană iaurt simplu sau cu fructe

INSTRUCȚIUNI:

a) Se amestecă fructele și iaurtul. Se toarnă în tăvi mari pentru cuburi de gheață, ușor de eliberat, sau în tăvi de gheață în formă de fructe.

b) Neteziți vârfurile astfel încât acestea să fie complet plate pentru a le ajuta să iasă cu ușurință. Introduceți bețișoare mici de popsicle, dacă doriți.

c) Congelați timp de 3 până la 4 ore sau peste noapte. Turnați pe un platou frumos și serviți cu bucăți de fructe proaspete și prăjituri.

41. Ananas la grătar

INGREDIENTE:
- 1 ananas copt, decojit și dezlipit, tăiat felii
- Ulei de măsline sau unt topit pentru periere (opțional)

INSTRUCȚIUNI:
a) Preîncălziți grătarul la foc mediu-mare.
b) Dacă doriți, ungeți ușor feliile de ananas cu ulei de măsline sau unt topit.
c) Asezati feliile de ananas direct pe gratarul gratarului si gatiti 2-3 minute pe fiecare parte, sau pana cand apar urme de gratar si ananasul este caramelizat si usor inmuiat.
d) Scoatem de pe gratar si lasam sa se raceasca putin.
e) Servește feliile de ananas la grătar calde peste linguri de înghețată de vanilie sau desertul tău congelat preferat.
f) Păstrați orice resturi de ananas la grătar într-un recipient ermetic la frigider timp de până la trei zile.

42.Piersici la gratar cu scortisoara-zahar

INGREDIENTE:
- 2 piersici coapte, tăiate la jumătate și fără sâmburi
- 2 linguri de unt nesarat, topit
- 2 linguri de zahar granulat
- 1 lingurita scortisoara macinata
- Inghetata de vanilie, pentru servire

INSTRUCȚIUNI:
a) Preîncălziți grătarul la foc mediu-mare.
b) Într-un castron mic, amestecați zahărul granulat și scorțișoara măcinată.
c) Ungeți partea tăiată a fiecărei jumătăți de piersică cu unt topit.
d) Presărați uniform amestecul de scorțișoară-zahăr peste partea tăiată a piersicilor.
e) Pune piersicile, tăiate în jos, pe grătarul preîncălzit.
f) Prăjiți timp de 3-4 minute, sau până când apar urme de grătar și piersicile se înmoaie ușor.
g) Întoarceți cu grijă piersicile și puneți la grătar încă 2-3 minute.
h) Scoateți piersicile la grătar de pe grătar și lăsați-le să se răcească puțin.
i) Servește piersicile la grătar calde cu o lingură de înghețată de vanilie. Bucurați-vă de dulceața caramelizată a piersicilor cu cremositatea rece a înghețatei.

43.Ananas la grătar cu miere și lămâie

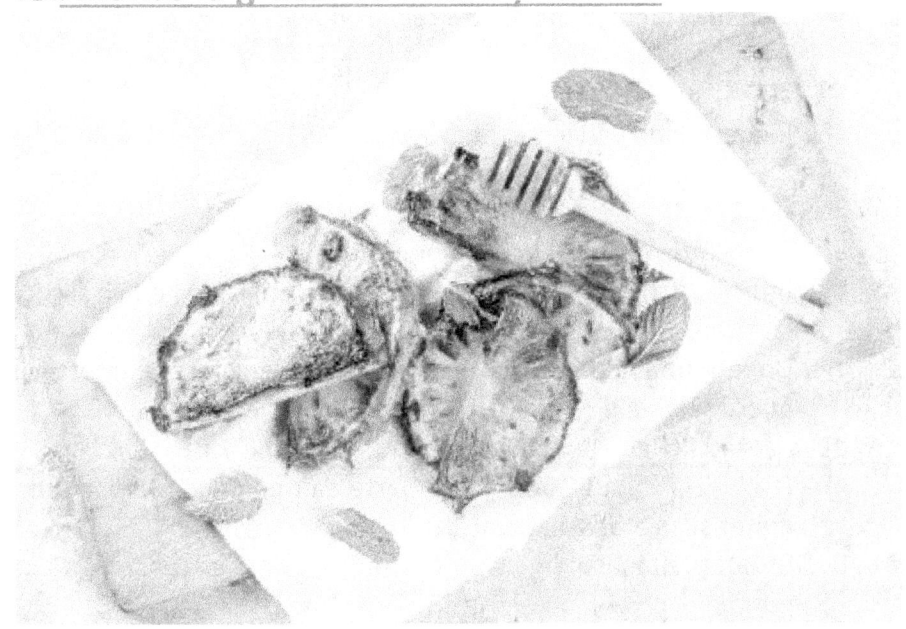

INGREDIENTE:
- 1 ananas, decojit, dezlipit și tăiat rondele
- 2 linguri miere
- Zest și suc de 1 lime
- Inghetata de vanilie, pentru servire

INSTRUCȚIUNI:
a) Preîncălziți grătarul la foc mediu-mare.
b) Într-un castron mic, amestecați mierea, coaja de lămâie și sucul de lămâie.
c) Ungeți ambele părți ale fiecărui inel de ananas cu amestecul de miere și lămâie.
d) Așezați inelele de ananas pe grătarul preîncălzit.
e) Prăjiți 2-3 minute pe fiecare parte sau până când apar urme de grătar și ananasul este încălzit.
f) Scoateți ananasul la grătar de pe grătar și lăsați-l să se răcească puțin.
g) Serviți ananasul la grătar cald cu o lingură de înghețată de vanilie. Bucurați-vă de aromele tropicale îmbunătățite de lime acidulat și miere dulce.

44. Căpșuni glazurate cu balsamic

INGREDIENTE:
- 1 cană căpșuni, decojite și tăiate la jumătate
- 1 lingura otet balsamic
- 1 lingura miere
- Frunze de menta proaspata, pentru decor
- Inghetata de vanilie, pentru servire

INSTRUCȚIUNI:
a) Într-o cratiță mică, combinați oțetul balsamic și mierea la foc mediu.
b) Aduceți amestecul la fiert, apoi reduceți focul la mic.
c) Adăugați căpșunile în cratiță și amestecați pentru a le acoperi cu glazura balsamică.
d) Căpșunile se fierb timp de 2-3 minute, amestecând din când în când, până se înmoaie și glazura s-a îngroșat puțin.
e) Se ia cratita de pe foc si se lasa capsunile sa se raceasca putin.
f) Servește căpșunile glazurate cu balsamic calde cu o lingură de înghețată de vanilie.
g) Ornați cu frunze de mentă proaspătă pentru un plus de culoare și un plus de aromă.

45.Pepene verde la grătar

INGREDIENTE:
- 4 felii groase de pepene verde fără semințe
- Ulei de măsline, pentru periaj
- Sare de mare grunjoasă, pentru stropire
- Frunze de menta proaspata, pentru decor
- Inghetata de vanilie, pentru servire

INSTRUCȚIUNI:
a) Preîncălziți grătarul la foc mediu-mare.
b) Ungeți ușor ambele părți ale fiecărei felii de pepene verde cu ulei de măsline.
c) Puneți feliile de pepene verde pe grătarul preîncălzit.
d) Prăjiți 2-3 minute pe fiecare parte sau până când apar urme de grătar și pepenele verde este ușor caramelizat.
e) Scoateți pepenele verde la grătar de pe grătar și stropiți ușor cu sare de mare grunjoasă.
f) Lăsați felii de pepene să se răcească ușor.
g) Serviți pepenele verde la grătar cald cu o lingură de înghețată de vanilie.
h) Decorați cu frunze de mentă proaspătă pentru o notă revigorantă. Bucurați-vă de aroma dulce-afumată a pepenelor verde la grătar, combinată cu înghețată cremoasă de vanilie.

Garnituri de nuci și semințe

46.Seminte de dovleac confiate

INGREDIENTE:
- 1 cană zahăr
- 1 până la 2 lingurițe piquín măcinat sau arbore chile (opțional)
- 1 lingurita sare kosher
- 1 albus mare
- 3 căni de semințe de dovleac

INSTRUCȚIUNI:

a) Preîncălziți cuptorul la 300°F. Ungeți ușor o tavă de copt cu ramă cu puțin ulei vegetal sau tapetați-o cu hârtie de copt.

b) Într-un castron mic, amestecați zahărul, chile (dacă folosiți) și sarea. Într-un castron mediu, bate albușul cu o furculiță până devine spumos. Adăugați semințele de dovleac și amestecul de zahăr și amestecați până când semințele sunt acoperite uniform.

c) Întindeți semințele de dovleac pe foaia de copt pregătită și coaceți, amestecând de câteva ori, până se prăjesc, 10 până la 12 minute. Se lasa sa se raceasca la temperatura camerei. Păstrate într-un recipient ermetic într-un loc răcoros și uscat, semințele de dovleac se vor păstra până la 1 lună.

47. Nuci Pecan Caramelizate Piloncillo

INGREDIENTE:
- 8 uncii piloncillo, tocat fin
- 1 bucată (1 inch) de scorțișoară mexicană
- ⅓ cană apă 3¼ cani jumătăți de nuci pecan
- Unge ușor o tavă de copt cu ramă.

INSTRUCȚIUNI:
a) Într-o cratiță, combina piloncillo, scorțișoară și apa. Puneți tigaia la foc mediu și gătiți, amestecând, până când piloncillo s-a dizolvat și amestecul este spumant, gros și auriu, timp de 4 până la 6 minute. Adăugați aproximativ o treime din nuci pecan și amestecați pentru a se acoperi.
b) Adăugați nucile pecan rămase în încă două reprize, amestecând continuu. Piloncillo va începe să se cristalizeze și să arate nisipos.
c) Continuați să amestecați până când toate nucile pecan sunt acoperite.
d) Turnați nucile pecan pe foaia de copt pregătită și despărțiți-le cu o lingură. Scoateți bucata de scorțișoară. Se lasa sa se raceasca la temperatura camerei. Păstrate într-un recipient ermetic într-un loc răcoros și uscat, nucile pecan se vor păstra până la 3 săptămâni.

48. Topping cu crumble de migdale

INGREDIENTE:
- ½ cană făină universală
- ½ cană de migdale feliate sau felii
- ½ cană de zahăr de cofetă
- ¼ de cană de zahăr brun, ambalat ⅛ de linguriță de sare
- ¼ lingurita de scortisoara macinata
- 4 linguri de unt, racit si taiat in mai multe bucati

INSTRUCȚIUNI:
a) Preîncălziți cuptorul la 350°F. Tapetați o foaie de copt cu hârtie de copt.
b) Combinați făina, migdalele, zaharurile, sarea și scorțișoara într-un robot de bucătărie și amestecați până când migdalele sunt complet rupte în făină de migdale și amestecul este bine combinat. Adăugați untul și pulsați până când amestecul are o textură grosieră, nisipoasă și nu rămân bucăți de unt mai mari decât o mazăre.
c) Transferați amestecul într-un castron mare. Dacă strângeți bine amestecul în mână, acesta ar trebui să se lipească împreună în firimituri mari, de la dimensiunea unei mazăre la o nucă. Împărțiți întregul amestec în crumble de diferite dimensiuni.
d) Transferați crumblele de migdale pe foaia de copt pregătită.
e) Coaceți aproximativ 15 minute, amestecând ușor cu o spatulă la fiecare 5 minute, până când crumble-ul devine auriu ușor și crocant.
f) Când s-a răcit complet, crumble poate fi păstrat câteva zile într-un recipient ermetic.

49.Fulgi de cocos prăjiți

INGREDIENTE:
- 1 cană fulgi de cocos neîndulciți

INSTRUCȚIUNI:
a) Preîncălziți cuptorul la 325°F (160°C).
b) Întindeți fulgii de cocos într-un strat uniform pe o tavă de copt.
c) Coaceți timp de 5-7 minute, amestecând din când în când, până când fulgii de nucă de cocos sunt aurii și parfumați.
d) Scoatem din cuptor si lasam sa se raceasca complet.
e) Presărați fulgii de nucă de cocos prăjiți peste înghețată sau alte deserturi la sundae bar pentru un plus de aromă și crocant.

50.Nuci Glazurate cu Miere

INGREDIENTE:
- 1 cană jumătăți sau bucăți de nucă
- 2 linguri miere
- Vârf de cuțit de sare

INSTRUCȚIUNI:
a) Într-o cratiță mică, încălziți mierea la foc mic până când se încălzește și curge.
b) Adăugați jumătățile sau bucățile de nucă în cratiță, amestecând pentru a le acoperi uniform cu miere.
c) Gatiti nucile timp de 3-5 minute, amestecand continuu, pana cand sunt caramelizate si aurii.
d) Se ia cratita de pe foc si se presara nucile cu un praf de sare.
e) Transferați nucile glazurate cu miere pe o tavă de copt tapetată cu pergament și lăsați-le să se răcească complet.
f) Odată răcit, spargeți nucile și folosiți-le ca topping pentru înghețată sau alte deserturi la sundae bar.

51.Crumble cu fistic

INGREDIENTE:
- 1/2 cană fistic decojit, tocat mărunt
- 2 linguri de zahar granulat
- 1 lingura unt nesarat, topit

INSTRUCȚIUNI:
a) Preîncălziți cuptorul la 350 ° F (175 ° C) și tapetați o tavă de copt cu hârtie de copt.
b) Într-un castron, amestecați fisticul tocat, zahărul granulat și untul topit până se omogenizează bine.
c) Întindeți amestecul uniform pe foaia de copt pregătită.
d) Coaceți timp de 8-10 minute, sau până când crumble-ul este auriu și parfumat.
e) Scoatem din cuptor si lasam sa se raceasca complet.
f) Odată ce s-a răcit, despărțiți orice bulgări mari pentru a crea o textură sfărâmicioasă.
g) Presărați crumble de fistic peste înghețată sau alte deserturi la sundae bar pentru un topping crocant și cu nuci.

52. Alune glazurate cu arțar

INGREDIENTE:
- 1 cană alune de pădure
- 2 linguri sirop de artar pur
- Vârf de cuțit de sare

INSTRUCȚIUNI:
a) Preîncălziți cuptorul la 350 ° F (175 ° C) și tapetați o tavă de copt cu hârtie de copt.
b) Întindeți alunele într-un singur strat pe foaia de copt pregătită.
c) Stropiți siropul de arțar peste alune și stropiți cu un praf de sare.
d) Aruncați alunele până când sunt acoperite uniform.
e) Coacem 12-15 minute, amestecand din cand in cand, pana cand alunele devin maro auriu si caramelizate.
f) Scoateți-le din cuptor și lăsați-le să se răcească complet pe tava de copt.
g) Odată ce s-a răcit, despărțiți orice ciorchine de alune.
h) Presărați alunele glazurate cu arțar peste înghețată sau alte deserturi la sundae bar pentru un topping dulce și crocant.

53. Pralină din semințe de susan

INGREDIENTE:
- 1/2 cană semințe de susan
- 1 cană zahăr granulat
- 2 linguri de apa

INSTRUCȚIUNI:
a) Prăjiți semințele de susan într-o tigaie uscată la foc mediu timp de 2-3 minute, amestecând des, până când devin maro auriu și parfumat. Scoateți din tigaie și lăsați deoparte.
b) Într-o tigaie curată, amestecați zahărul granulat și apa la foc mediu, amestecând până când zahărul se dizolvă.
c) Aduceți amestecul la fierbere, apoi reduceți focul la mic și fierbeți fără a amesteca până ajunge la o culoare chihlimbar medie, aproximativ 5-7 minute.
d) Se amestecă semințele de susan prăjite până când sunt acoperite uniform cu zahărul caramelizat.
e) Turnați rapid amestecul pe o tavă de copt tapetată cu pergament.
f) Lucrând rapid, folosiți o spatulă pentru a întinde amestecul într-un strat subțire și uniform.
g) Lăsați pralina cu semințe de susan să se răcească complet, apoi rupeți-o în bucăți.
h) Presărați pralina cu semințe de susan peste înghețată sau alte deserturi la sundae bar pentru un topping dulce și cu nuci.

CONURI DE INGHETATA

54. Conuri de zahăr

INGREDIENTE:
- 2 albusuri mari
- ½ cană zahăr
- 3 linguri lapte integral
- ½ linguriță extract pur de vanilie
- ¼ lingurita sare
- ⅔ cană făină universală
- ¼ lingurita de scortisoara macinata (optional)
- 2 linguri de unt nesarat, topit
- 4 uncii de ciocolată semidulce sau neagră (opțional)

INSTRUCȚIUNI:

a) Bateți albușurile, zahărul, laptele, vanilia și sarea într-un castron mic. Adaugati faina, scortisoara si untul. Bateți până când se încorporează complet și aluatul este omogen.

b) Ungeți ușor o tigaie antiaderentă cu o cantitate mică de spray de gătit sau ungeți ușor cu ulei neutru. Se toarnă aproximativ 2½ linguri de aluat în tigaia rece și se întinde într-un strat subțire, uniform. Puneți tigaia la foc mediu și gătiți discul timp de 4 până la 5 minute sau până când conul s-a întărit și este ușor auriu pe fund. Întoarceți discul cu grijă și continuați să gătiți timp de 1 până la 2 minute.

c) Așezați rapid discul de zahăr pe un prosop curat și acoperiți cu o rolă conică. Folosind prosopul și rola conică, rulați discul într-un con și țineți-l strâns de-a lungul cusăturii timp de 1 până la 2 minute, până când conul se răcește și se întărește. Ștergeți tigaia și repetați până când tot aluatul a fost folosit.

d) Dacă doriți să înmuiați conurile în ciocolată, tapetați o tavă cu hârtie de copt. Când conurile s-au răcit complet, topește ciocolata în cuptorul cu microunde în trepte de 30 de secunde. Înmuiați ușor vârfurile conurilor în ciocolată și puneți-le pe pergament până când ciocolata se întărește. Păstrate într-un recipient ermetic la temperatura camerei, conurile se vor păstra până la 1 săptămână.

55. Conuri de înghețată crocante de orez cu nucă de cocos

INGREDIENTE:
- 75 g unt
- 5 linguri miere
- 2 linguri crema de cocos
- 1 lingurita extract de vanilie
- 100 g crocante de orez
- 40 g nucă de cocos deshidratată
- 6-8 conuri de inghetata de vafe, pentru servire
- 40 g ciocolată neagră, topită (opțional, vezi sfatul)

INSTRUCȚIUNI:
a) Tapetați o foaie de copt cu hârtie de copt.
b) Într-o cratiță medie, la foc mic, topește untul. Adăugați miere, crema de cocos și extract de vanilie, amestecând până se combină bine.
c) Se ia de pe foc și se amestecă cu crocante de orez și nuca de cocos deshidratată.
d) Lăsați amestecul să se răcească aproximativ 20 de minute. Folosind o linguriță de înghețată, împachetați strâns o porțiune din amestec, înclinând ușor bila în partea de sus. Eliberați ușor și puneți-l cu grijă pe tava tapetată. Repetați cu amestecul rămas.
e) Se da la rece timp de 30-45 de minute pentru a se fixa.
f) Odată așezat, se servește în conurile de înghețată de vafe.
g) Opțional: stropiți ciocolată neagră topită peste conuri pentru o atingere suplimentară de indulgent. Consultați sfatul pentru detalii.
h) Sfat: Pentru a adăuga o notă decadentă, topește 40 g de ciocolată neagră și stropește-o peste conurile setate înainte de servire.

56. Conuri de vafe

INGREDIENTE:
- 1 oz unt nesărat, tăiat în bucăți
- 3 oz făină universală
- 2 oz zahăr
- 2 oz zahăr brun închis
- 1 ou mare
- 1 albus de ou (dintr-un ou mare)
- 2 linguri de apa
- 1 lingurita extract de vanilie
- ¼ lingurita sare
- ¼ lingurita bicarbonat de sodiu
- Ulei spray antiaderent

INSTRUCȚIUNI:
a) Preîncălziți aparatul de conuri de vafe conform instrucțiunilor producătorului.
b) Într-o cratiță mică, se topește untul la foc mic. Se lasa deoparte sa se raceasca putin.
c) Într-un castron, amestecați făina universală, zahărul și zahărul brun închis.
d) Într-un castron separat, bate oul mare și albușul. Adăugați apă, extract de vanilie, sare și bicarbonat de sodiu. Amesteca bine.
e) Se toarnă untul topit în ingredientele umede și se amestecă pentru a se combina.
f) Adăugați treptat ingredientele umede la ingredientele uscate, amestecând până se formează un aluat omogen.
g) Acoperiți ușor aparatul de conuri de vafe cu ulei spray antiaderent.
h) Pune o cantitate mică de aluat în centrul aparatului de conuri de vafe și închide capacul. Gatiti conform instructiunilor producatorului sau pana devine maro auriu.
i) Rulați rapid vafa într-o formă de con, folosind o rolă conică sau cu mâna, sigilând vârful pentru a preveni desfacerea acesteia.
j) Repetați procesul cu aluatul rămas.
k) Lăsați conurile de vafe să se răcească și să se întărească înainte de servire.

57.Conuri de vafe de casă fără gluten

INGREDIENTE:
- 1 cană smântână groasă
- 1 lingurita extract pur de vanilie
- ¼ linguriță extract de migdale
- 1½ cani de amestec de faina fara gluten (se recomanda Bob's Red Mill 1 la 1)
- 1½ cani de zahar pudra
- 1 linguriță de gumă xantan (omiteți dacă amestecul dvs. de făină o conține)
- Un praf de scortisoara macinata
- Un praf de nucsoara macinata
- Un praf de sare de mare

INSTRUCȚIUNI:
a) Bateți smântâna groasă cu un mixer de mână sau în vasul unui mixer cu suport prevăzut cu atașamentul cu paletă până când formează vârfuri moi. Se amestecă ușor extractele de vanilie și migdale.
b) Cerneți făina fără gluten, zahărul pudră, scorțișoara, nucșoara și adăugați-o în frișcă. Se pliază până se formează un aluat gros. Acoperiți cu folie de plastic și lăsați la frigider pentru cel puțin 30 de minute.
c) Preîncălziți un fier de călcat pentru vafe (sau presă pentru panini) la 375 de grade (sau mediu-înalt).
d) Adăugați o lingură grămadă de aluat pe conul de vafe și apăsați ferm capacul. O linguriță mică pentru aluat de prăjituri poate fi folosită pentru o măsurare ușoară. Verificați vafa după 90 de secunde; ar trebui să fie maro auriu deschis.
e) Scoateți vafa fiartă de pe fierul de călcat pe o suprafață rece. Lăsați-l să se răcească timp de 10 secunde, apoi rulați-l într-o formă de con. Țineți ferm pe loc pentru aproximativ 10 secunde mai mult sau până când conul se fixează.
f) Repetați procesul cu aluatul rămas.

58.Mini conuri de înghețată de ciocolată de casă

INGREDIENTE:
- 60 g (1/2 cană) făină de prăjitură
- 18 g (2 linguri) pudră de cacao onix negru
- 60 g (4 linguri) unt nesarat, la temperatura camerei
- 120 g (1 cană) zahăr de cofetă, cernut
- 90 g (3 mari) albusuri, la temperatura camerei
- Presărați sau migdale felii pentru decor (opțional)
- 1 cornet de pizza
- Șablon cerc de acetat de 1 4" în diametru
- O spatulă mică offset (opțional, dar recomandat)

INSTRUCȚIUNI:

a) Preîncălziți cuptorul la 350°F. Tapetați o foaie de copt cu un silpat sau hârtie de copt.
b) Într-un castron mediu, combinați făina de tort și pudra de cacao de onix negru. Se amestecă energic cu un tel cu balon până se omogenizează la culoare și se distribuie uniform.
c) În bolul unui mixer în picioare prevăzut cu un accesoriu cu palete, bateți untul și zahărul de cofetă împreună timp de 3 minute până devin albe și pufoase.
d) Cu mixerul la viteza medie, adaugam albusurile incet, pe rand. Răzuiți părțile laterale ale vasului între adăugiri.
e) Adăugați ingredientele uscate (făină și cacao) în aluat. Bate pana se incorporeaza bine.
f) Puneți șablonul de acetat pe foaia de copt căptușită. Întindeți un strat subțire de aluat în interiorul șablonului, folosind o spatulă offset, dacă este disponibilă, pe marginile șablonului. Ridicați în sus și mutați șablonul la un centimetru de primul cerc, repetând până când nu mai rămâne spațiu pe tava de copt. Adăugați stropi sau migdale tăiate pe cercuri, dacă doriți.
g) Coaceți timp de 6 până la 8 minute sau până când cercurile par uscate și încep să devină crocante pe margini.
h) Lucrând rapid cât este fierbinte, înfășurați cercurile în jurul conului de pizzelle. Lăsați-le să se răcească pe un grătar. Dacă conurile se răcesc prea repede, readuceți-le la cuptor pentru scurt timp pentru a se încălzi și a deveni mai flexibile. Notă: Fiți atenți, deoarece conurile vor fi fierbinți.
i) Serviți în aceeași zi sau păstrați într-un recipient ermetic pentru o zi sau două.

59. Conuri de inghetata pentru chiuveta de bucatarie

INGREDIENTE:
- 3/4 cană nucă de cocos prăjită
- 1/3 cană chipsuri zdrobite
- 1/3 cana fistic tocat marunt
- 6 conuri de vafe
- Desert de casă coajă
- Înghețată

INSTRUCȚIUNI:
a) Combinați nuca de cocos prăjită, chipsurile de cartofi zdrobite și fisticul tocat mărunt.
b) Ungeți interiorul conurilor de vafe cu coajă de desert de casă.
c) Stropiți fiecare con cu 1 lingură de amestec de nucă de cocos.
d) Umpleți fiecare cornet cu 1 lingură mică, urmată de 1 lingură mare de înghețată.
e) Puneți fiecare con umplut într-un pahar îngust și congelați.
f) Ungeți înghețata cu o coajă suplimentară de desert de casă.
g) Acoperiți conurile cu amestecul de nucă de cocos rămas.

60. Cornet de inghetata Biscoff

INGREDIENTE:
- 350 ml lapte cremă integrală
- 225 g zahăr tos
- 400 g biscoff tartinat
- 1 lingurita pasta de vanilie
- 8 gălbenușuri de ou
- 300 ml smântână îngroșată la temperatura camerei
- Extra Biscoff tartinat pentru servire
- Biscuiti biscoff de servit
- Conuri de inghetata de vafe pentru a servi

INSTRUCȚIUNI:
a) Înainte de a începe, puneți un bol de înghețată KitchenAid în congelator înainte de timp pentru cel puțin 24 de ore.
b) Încălziți laptele împreună cu pasta de vanilie, zahărul tos și 3 linguri de Biscoff întinse într-o cratiță mare la foc mic, având grijă să nu fiarbă. Luați de pe foc odată ce zahărul s-a dizolvat.
c) Atașați accesoriul pentru tel la un mixer cu suport KitchenAid. Bateți gălbenușurile până devin ușor pufoase.
d) Se toarnă treptat laptele cald în amestecul de ouă și se amestecă.
e) Se toarnă amestecul înapoi în cratiță împreună cu smântâna îngroșată și se pune la foc mic. Lăsați-l să se încălzească treptat în timp ce amestecați până când amestecul se îngroașă (5-6 minute).
f) Se ia de pe foc si se toarna intr-un ulcior sa se raceasca complet. Se pune apoi la frigider până se răcește.
g) Atașați bolul de înghețată KitchenAid congelat și mânerul la mixerul cu suport. Rotiți mixerul pentru a amesteca și turnați amestecul rece într-un bol cu mixerul în funcțiune și amestecați timp de 20-25 de minute.
h) Scoateți înghețata moale de servire într-o formă de pâine în straturi și îndepărtați cu lingura cea mai mare parte din restul de Biscoff întins între fiecare strat. Puneți la congelator pentru minim 24 de ore (48 de ore pentru o înghețată mai fermă).
i) Serviți înghețata în conuri de vafe cu biscuiți biscoff și o lingură suplimentară de biscoff tartinat.

TOPPING DE FRUCTE BRACONATE

61.Pere Poșate Prosecco

INGREDIENTE:
- 4 pere coapte, curatate de coaja si fara miez
- 2 căni de Prosecco
- 1 cană apă
- ½ cană zahăr
- 1 baton de scortisoara
- 4 cuişoare întregi
- Frisca sau inghetata de vanilie pentru servire

INSTRUCŢIUNI:
a) Într-o cratiţă mare, combinaţi Prosecco, apa, zahărul, batonul de scorţişoară şi cuişoarele întregi.
b) Se încălzeşte amestecul la foc mediu până când zahărul se dizolvă şi lichidul ajunge la fiert.
c) Adăugaţi perele decojite şi fără miez la lichidul de braconat.
d) Fierbeţi perele în amestecul de Prosecco timp de aproximativ 20-30 de minute sau până când perele sunt fragede când sunt străpunse cu o furculiţă.
e) Se ia cratita de pe foc si se lasa perele sa se raceasca in lichid.
f) După ce s-au răcit, scoateţi perele din lichid şi puneţi-le în boluri de servire.
g) Se servesc perele braconate Prosecco cu un strop de lichid de braconat si o lingura de frisca sau o lingura de inghetata de vanilie.

62. Pere Poșate Vin Roșu

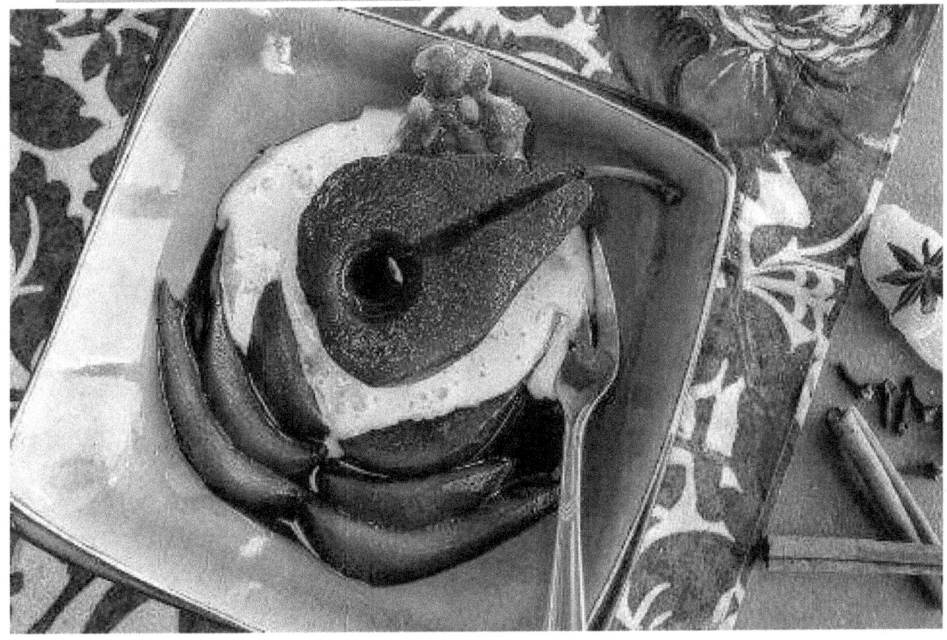

INGREDIENTE:
- ½ cană zahăr (100 g)
- 1 bucată mare de coajă de portocală
- 8 - 10 cuișoare întregi
- 1 baton de scortisoara
- 2 cani de vin rosu (de preferat Cabernet Sauvignon sau Merlot)
- ½ cană apă sau suc de portocale (vezi notele pentru opțiuni alternative)
- 2 lingurite extract de vanilie
- ½ cană de zmeură, cireșe fără sâmburi sau mure
- 3 - 6 pere Bosc de marime medie

INSTRUCȚIUNI:
a) Într-o cratiță, combinați toate ingredientele (cu excepția perelor). Asigurați-vă că cratița găzduiește perfect perele, cu suficient spațiu pentru ca acestea să fie parțial scufundate în lichidul de braconat în unghi.
b) Fierbeți vinul roșu în timp ce amestecați pentru a dizolva zahărul.
c) Odată ce vinul ajunge la fiert, strecurați lichidul de vin roșu (dacă ați folosit fructe proaspete) pentru a îndepărta orice semințe sau pulpa de fructe. Aruncați semințele și pulpa, dar păstrați cuișoarele, coaja de portocală și scorțișoara. Adăugați-le înapoi în lichid și puneți-l înapoi în cratiță.
d) Curățați perele numai când lichidul de braconat este gata pentru a evita decolorarea.
e) Puneți ușor perele decojite în lichidul de braconat.
f) Lăsați perele să se braconeze în lichid la foc mediu-mic (fierbe) timp de 20 - 25 de minute. Rotiți perele la fiecare 5 minute pentru a asigura braconarea uniformă pe toate părțile, inclusiv pe vârfuri.
g) Odată ce perele sunt braconate, lăsați-le în poziție verticală în lichidul de braconat, scoateți cratița de pe foc și lăsați perele să se răcească în lichid.
h) Înainte de servire, scoateți perele din lichidul de braconat și puneți-le pe o farfurie, acoperindu-le cu folie de plastic.
i) Încălziți lichidul rămas în oală și aduceți-l la fiert. Se lasa sa fiarba cateva minute pana se ingroasa putin intr-un sirop. Timpul de gătire depinde de lichidul rămas, așa că urmăriți-l cu atenție. Dacă siropul devine prea gros, adăugați puțină apă pentru a se dilua.
j) Se servesc perele pe un platou de servire, optional ungendu-le cu sirop pentru a le da un aspect stralucitor.
k) Peste fiecare para se stropeste putin sirop si se serveste cu o parte de branza mascarpone sau frisca.

63.Vin Rosé -Caise braconate

INGREDIENTE:
- ¾ cană zahăr
- ¾ cană vin rosé
- 4 caise proaspete (sau piersici), tăiate la jumătate și sâmburele îndepărtate

INSTRUCȚIUNI
a) Adăugați zahărul și roséul într-o cratiță mică.
b) Aduceți la fiert, apoi puneți ușor jumătățile de caise în oală, scufundându-le în lichidul care fierbe.
c) Se lasa sa fiarba pana se inmoaie, aproximativ 3-4 minute, apoi se scoate cu o lingura cu fanta intr-un castron. Continuați să fierbeți lichidul până când este redus la jumătate și ușor însiropat, aproximativ 10-15 minute.
d) Se ia de pe foc si se toarna peste caise.
e) Acoperiți caisele și siropul și dați la rece până se răcesc.

64. Vin- Smochine Poșate Cu Gelat

INGREDIENTE:
- 1½ cani de vin rosu sec
- 1 lingura zahar (1-2L), dupa gust
- 1 baton de scortisoara
- 3 cuişoare întregi
- 3 Smochine întregi proaspete, tăiate în sferturi

A SERVI
- Gelat cu vanilie ca acompaniament
- Crengute de menta pentru garnitura, daca doriti

INSTRUCŢIUNI:
a) Într-o cratiţă combinaţi vinul, zahărul, scorţişoara şi cuişoarele. Aduceţi lichidul la fierbere la foc moderat, amestecând şi fierbeţi amestecul timp de 5 minute.
b) Adăugaţi smochinele şi fierbeţi până când smochinele sunt încălzite. Se lasa sa se raceasca sa se incalzeasca.
c) Aranjaţi linguri de gelato în două pahare cu tulpină şi acoperiţi-le cu smochine şi puţin din lichidul de braconat.
d) Ornaţi cu mentă dacă doriţi.

65.Ananas Poșat Rom și Arțar

INGREDIENTE:
- ¼ cană sirop de arțar pur
- 3 linguri Rom
- 1 kg bucăți de ananas

A SERVI
- Sirop din esență de arțar
- Sorbet de vanilie
- ½ cană iaurt simplu cu conținut scăzut de grăsimi

INSTRUCȚIUNI:
a) Într-o cratiță grea, nereactivă, combinați siropul de arțar pur și romul (dacă este folosit) la foc mediu-mare. Aduceți acest amestec la fierbere.
b) Adăugați bucățile de ananas în siropul care fierbe și fierbeți timp de 2 minute.
c) Amestecați ananasul și continuați să fierbeți încă 2-3 minute, sau până când ananasul devine fraged.
d) Servește ananasul poșat cu un strop de sirop de arțar, o praf de iaurt simplu cu conținut scăzut de grăsimi sau un sorbet de vanilie.

66. Clementine caramelizate cu rachiu

INGREDIENTE:
- 12 Clementine
- 300 g zahăr granulat
- 100 ml coniac francez
- 1 pastaie de vanilie, taiata la jumatate pe lungime

INSTRUCȚIUNI:
a) Începeți prin a pregăti Clementinele. Folosiți un cuțit mic ascuțit pentru a tăia coaja și miezul tuturor clementinelor. Pentru aproximativ jumatate din ele, maruntiti coaja marunt.
b) Într-o cratiță medie spre mare, puneți zahărul granulat împreună cu 100 ml de apă. Se încălzește ușor, amestecând până când zahărul se dizolvă complet. Apoi, aduceți amestecul la fierbere.
c) Lasam sa fiarba energic la foc mediu aproximativ 8-10 minute fara a amesteca. Siropul se va transforma într-un caramel intens de culoarea chihlimbarului. Scoateți tigaia de pe foc și scufundați pentru scurt timp baza în apă rece pentru a opri caramelul să mai gătească.
d) Se amestecă 100 ml de apă rece și țuica franțuzească în caramel. Adăugați coaja de Clementine mărunțită și fierbeți ușor timp de 30 de minute până când coaja devine fragedă.
e) Acum, adăugați Clementinele în tigaie, cam 6 câte o dată, și gătiți-le câte 2 minute. Apoi, transferați-le într-un bol de servire.
f) Turnați siropul fierbinte și coaja mărunțită peste Clementine din bolul de servire. Adăugați păstaia de vanilie tăiată în jumătate.
g) Lăsați clementinele poșate și siropul să se răcească, apoi puneți-le la frigider peste noapte.
h) Serviți Clementinele de Caramel Poșate răcite în boluri mici de sticlă pentru un desert delicios de iarnă.

67.Kiwi braconat cu condimente

INGREDIENTE:
- 8 kiwi aurii, curățați și tăiați la jumătate
- 250 g zahăr
- 1 pastaie de vanilie, semintele razuite
- 1 baton de scortisoara
- 2 foi de dafin
- 4 boabe de piper alb
- 200 ml smantana, batuta usor, pentru servire

INSTRUCȚIUNI:
a) Începeți prin a curăța kiwi-urile aurii și a le înjumătăți. Pune-le deoparte.
b) Într-o cratiță, combina zahărul, semințele de vanilie răzuite, păstăia de vanilie, batonul de scorțișoară, foile de dafin și boabele de piper alb.
c) Adăugați 1 cană de apă în cratiță și aduceți amestecul la fiert în timp ce amestecați pentru a dizolva zahărul complet.
d) Odată ce zahărul s-a dizolvat, adăugați în sirop kiwi-ul tăiat în jumătate. Lăsați-le să fiarbă în sirop aproximativ 5 minute.
e) Pentru a servi, puneți kiwi-urile poșate în boluri, stropiți-le cu puțin sirop și acoperiți fiecare porție cu o cupă generoasă de frișcă moale.
f) Bucurați-vă de acest desert încântător care combină aromele exotice ale kiwi-ului auriu cu esența aromată de vanilie și condimente, toate frumos completate de bunătatea cremoasă a frișcă.

68.Mango Poșat În Sirop de Ghimbir Zobo

INGREDIENTE:
- 2 căni de pulpă de mango decojită, tăiată cubulețe
- 1 ½ cani de lichid zobo (hibiscus).
- 1 lingură de fâșii de ghimbir proaspăt
- 4 bucăți de cuișoare
- 2-4 cuburi de zahar sau 1 lingura de miere
- 4 linguri de piure de curmale

INSTRUCȚIUNI:

a) Într-o oală, combinați lichidul zobo, sucul și niște cuișoare zdrobite legate într-o cârpă de muselină. Aduceți acest amestec la fiert timp de aproximativ 5-7 minute.

b) Adăugați în oală felii de ghimbir, zahăr (sau miere) și cuburi de mango. Continuați să gătiți aproximativ 5 minute sau până când lichidul începe să se îngroașe ușor.

c) Scoateți oala de pe foc, puneți amestecul în platou și lăsați-l la rece înainte de a fi servit ca desert delicios.

d) Pentru a servi desertul, întindeți niște piure de curmale pe farfurie și aranjați cuburile de mango și fâșiile de ghimbir deasupra piureului de curmale. Consultați postarea mea anterioară despre prepararea piureului de curmale pentru detalii despre cum să-l prepar.

e) Bucurați-vă de acest rafinat mango braconat în sirop de ghimbir Zobo ca o modalitate încântătoare de a sărbători sezonul mango și de a vă îmbunătăți experiența culinară.

69.Merișoare Poșate cu Miere și Condimente

INGREDIENTE:
- 4 cani de merisoare proaspete
- 1 cană apă
- 1 ½ cană de miere
- ½ cană Banyuls sau oțet de mere
- 1 lingurita sare kosher

PACCHET DE MIRORIE:
- 1 baton de scortisoara
- 2 cuișoare
- 1 anason stelat
- 4 boabe de piper negru
- 4 ienibahar întreg

INSTRUCȚIUNI:

a) Combinați merișoarele proaspete, apa, mierea, Banyuls sau oțetul de cidru de mere și sarea kosher într-o cratiță de dimensiune medie.
b) Puneți ingredientele pachetului de condimente (bat de scorțișoară, cuișoare, anason stelat, boabe de piper negru și ienibahar) într-o bucată de stofă și legați-l într-un pachet cu sfoară de bucătărie.
c) Adăugați pachetul de condimente în cratiță cu amestecul de merișoare.
d) La foc mediu, aduceți amestecul la fiert, amestecând din când în când pentru a dizolva mierea și sarea.
e) Odată ce începe să fiarbă, reduceți focul la mic și lăsați merișoarele să se braconeze ușor timp de aproximativ 10-15 minute, sau până devin fragede, dar nu moale. Amestecați ocazional în acest timp.
f) Scoateți cratita de pe foc și lăsați-o să se răcească puțin.
g) Aruncați pachetul de condimente.
h) Transferați merișoarele condimentate cu miere și oțet Banyuls într-un vas de servire.
i) Le poți servi calde sau la temperatura camerei, ca garnitură delicioasă sau condiment pentru diverse feluri de mâncare.

70.Fructe de padure Poached Old Brew

INGREDIENTE:
- 2 cani de fructe de padure amestecate (capsuni, afine, zmeura)
- 1 cană cafea rece
- ¼ cană miere
- 1 lingura suc de lamaie
- Frunze de mentă proaspătă pentru decor (opțional)

INSTRUCȚIUNI:
a) Într-un castron, combinați cafeaua rece, mierea și sucul de lămâie. Se amestecă până se amestecă bine.
b) Puneți fructele de pădure amestecate într-un vas puțin adânc și turnați peste ele amestecul de preparat rece.
c) Aruncați ușor fructele de pădure pentru a le acoperi în amestecul de cafea.
d) Acoperiți vasul și lăsați-l la frigider pentru cel puțin 1 oră pentru a lăsa aromele să se topească.
e) Servește amestecul de fructe de pădure infuzate la rece cu frunze de mentă proaspătă pentru decor, dacă doriți.

71.Pere Poșate cu cafea

INGREDIENTE:
- 4 pere ferme (cum ar fi Packham sau Beurre Bosc)
- 750 ml apă
- ½ cană zahăr brun
- 2 linguri cafea prăjită întunecată
- 1 baton de scortisoara
- 1 boabe de vanilie despicată
- 1 lingura rom sau whisky (optional)

A SERVI:
- Biscuiți Amaretti mărunțiți
- Opțional: smântână, iaurt sau înghețată

INSTRUCȚIUNI:
a) Începeți prin a curăța perele. Tăiați-le în jumătate și îndepărtați cu grijă miezurile.
b) Într-o cratiță mare, combina zahărul brun și apa. Aduceți amestecul la fierbere și apoi reduceți focul la mic.
c) Adăugați cafeaua, batonul de scorțișoară, boabele de vanilie despicate și romul sau whisky-ul (dacă doriți). Se amestecă bine pentru a combina toate ingredientele.
d) Puneți jumătățile de pere în cratiță și aduceți amestecul înapoi la fiert. Acoperiți perele cu un cerc de hârtie de copt.
e) Fierbeți aproximativ 10 până la 12 minute sau până când perele sunt fragede și pot fi străpunse ușor cu un cuțit. Folosiți o lingură cu fantă pentru a îndepărta perele poșate și transferați-le într-un bol de servire rezistent la căldură.
f) Creșteți căldura la mediu-mare și lăsați siropul să fiarbă încă 10 până la 15 minute, reducându-l la aproximativ jumătate. Turnați acest sirop aromat peste perele poșate.
g) Pentru servire, ornați perele cu biscuiți Amaretti mărunțiți și, opțional, stropiți cu sirop de cafea. De asemenea, puteți adăuga smântână, iaurt sau înghețată, dacă doriți.

72. Măr galben braconat

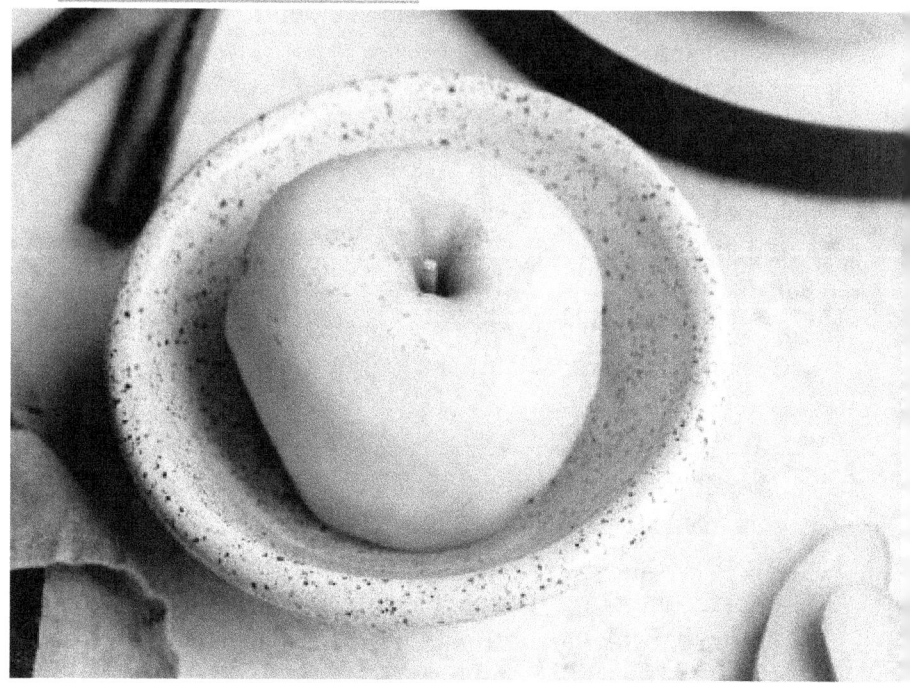

INGREDIENTE:
- 2 mere Yellow Delicious
- 2 linguri suc de lamaie
- ⅓ cană de zahăr
- 1 lingura otet de vin alb
- 2 uncii de piure de castane la conserva
- ½ cană piure de cartofi

INSTRUCȚIUNI:
a) Preîncălziți cuptorul la 350 de grade Fahrenheit (175 de grade Celsius).
b) Curățați, curățați și tăiați fiecare măr Yellow Delicious în jumătate, orizontal.
c) Într-o cratiță, combinați 1 litru de apă clocotită, sucul de lămâie, zahărul și oțetul de vin alb. Aduceți acest amestec la fierbere.
d) Puneți jumătățile de mere în amestecul care fierbe și puneți-le în bracon timp de 5 minute. Scoateți merele poșate din lichid și scurgeți-le.
e) Umpleți jumătățile de mere scurse cu piureul de castane.
f) Coaceți merele umplute în cuptorul preîncălzit timp de 10 minute.
g) Poți servi merele poșate Yellow Delicious fie calde de la cuptor, fie răcite.
h) Piure de castane:
i) Amestecați piureul de castane din conserva și piureul de cartofi până când obțineți o consistență netedă.

73.Gutui braconat

INGREDIENTE:
- 4 căni de apă
- 2 căni de zahăr
- ¼ portocală; inclusiv coaja
- 4 Gutui decojite cu miez; sferturi

INSTRUCȚIUNI:
a) Într-o cratiță mare, amestecați apa, zahărul și portocala și aduceți la fierbere.
b) Adăugați gutui, readuceți la fiert, micșorați focul la fiert și gătiți până când se înmoaie, aproximativ 10 până la 15 minute.
c) Se ia de pe foc si se lasa sa se raceasca.

74.Pere exotice cu hibiscus

INGREDIENTE:
- 80 g ciocolată caramelă sărată
- 4 pere
- Aproximativ 10 flori de hibiscus
- 3 anason stele
- 1 baton de scortisoara
- 2 linguri sirop de artar
- ½ cană de floare de cocos (opțional)
- Flori comestibile (optional)

INSTRUCȚIUNI:
a) Curățați cu grijă perele, tăiați-le în jumătate și îndepărtați delicat sâmburele cu ajutorul unei bile de pepene galben sau a unui cuțit mic și ascuțit.
b) Puneți-le într-o tigaie cu apă împreună cu florile de hibiscus, anason stelat, sirop de arțar și scorțișoară.
c) Braconați până devin fragezi, ceea ce durează aproximativ 20-25 de minute. Opțional, rezervați aproximativ 1 cană din lichidul de braconat rămas, adăugați o jumătate de cană de floare de cocos și reduceți-o în sirop.
d) În timp ce perele se braconează, puneți ciocolata într-un bol termorezistent. Apoi, așezați vasul peste o oală plină cu apă, încălzindu-l ușor pe aragaz. Asigurați-vă că fundul vasului nu atinge apa, deoarece acest lucru poate face ciocolata puțin nisipoasă.
e) Lasam ciocolata sa se topeasca in intregime in vasul peste oala cu apa fierbinte.
f) Pentru servire, distribuiți uniform ciocolata caramel topit sărat în patru boluri mici.
g) Puneți deasupra jumătățile de pere poșate și, dacă doriți, împodobiți-le cu flori comestibile. Bucurați-vă de acest desert delicios!

75.Pere asiatice braconate cu ceai verde

INGREDIENTE:
PENTRU PERELE BRACONATE:
- 4 pere asiatice (nefecte)
- 1 cană de zahăr turbinado
- 2 căni de ceai verde proaspăt preparat
- 1 bucată (2 inchi) de ghimbir proaspăt, feliată subțire
- Coaja de o jumătate de lămâie
- 1 crenguță mare de mentă proaspătă
- Frunze de mentă proaspătă (opțional, pentru garnitură)

PENTRU SOS DE FISTIC:
- 1 cană iaurt simplu fără grăsimi (bine scurs)
- ½ cană de zară
- 1 lingura sirop de artar pur
- ½ cană de fistic natural decojit, decojit și tocat grosier

INSTRUCȚIUNI:
PENTRU PERELE BRACONATE:
a) Curățați perele asiatice și miez-le, asigurându-vă că îndepărtați zona centrală a miezului de tartă a fiecărei pere.
b) Într-o cratiță de mărime medie, combinați zahărul turbinado, ceaiul verde proaspăt preparat, rădăcină de ghimbir feliate subțire, coaja de lămâie și crenguța de mentă proaspătă.
c) Puneți cratita la foc mediu și aduceți amestecul până la fierbere, asigurându-vă că zahărul este complet dizolvat.
d) Reduceți focul la fiert și adăugați perele asiatice curățate și dezlipite. Fierbeți aproximativ 15 până la 20 de minute sau până când perele rămân ferme.
e) Lăsați perele poșate să se răcească la temperatura camerei și apoi dați-le la frigider, acoperite.

PENTRU SOS DE FISTIC:
f) Într-un castron mic, amestecați împreună iaurtul simplu fără grăsimi, bine scurs, zara și siropul pur de arțar.
g) Adăugați fisticul tocat grosier la amestecul de iaurt și păstrați-l la frigider până când sunteți gata de servire.

ASAMBLARE:
h) Scoateți perele poșate din lichidul de braconat, scurgeți-le bine și puneți câte o pară în fiecare dintre cele patru pahare răcite.
i) Acoperiți fiecare pară poșată cu sosul de cremă de fistic.
j) Serviți imediat desertul, ornat cu frunze de mentă proaspătă dacă doriți.
k) Bucurați-vă de acest desert delicios de pere asiatice poșate cu ceai verde cu sos de cremă de fistic, un echilibru perfect de arome și texturi.

76.Prune Poșate cu ceai

INGREDIENTE:
- 1 cană de apă
- 2 plicuri de ceai (de preferință Earl Grey)
- ⅓ cană de zahăr
- 1 baton mic de scortisoara
- 6 Prune roșii, tăiate la jumătate și fără sâmburi

INSTRUCȚIUNI:
a) Într-o cratiță de 1,5 litri, aduceți apa la fiert.
b) Odată ce apa fierbe, înmuiați pliculețele de ceai în ea timp de 5 minute. După înmuiere, aruncați pliculețele de ceai.
c) Adaugati zaharul si batonul de scortisoara in apa infuzata cu ceai.
d) Aduceți amestecul la fierbere și apoi adăugați prunele roșii tăiate în jumătate și fără sâmburi.
e) Reduceți focul, acoperiți cratita și fierbeți timp de 3-4 minute. Prunele ar trebui să devină fragede, dar să păstreze totuși o oarecare fermitate.
f) Folosind o lingură cu fantă, scoateți cu grijă prunele poșate și transferați-le într-un vas de servire.
g) La lichidul rămas în cratiță, continuați să fierbeți pentru a reduce sosul. Acest lucru ar trebui să dureze aproximativ 5 minute.
h) Odată ce sosul s-a redus și s-a îngroșat, se strecoară peste prune din vasul de servire.
i) Serviți scorțișoară și prune cu ceai peste budincă sau înghețată pentru un desert delicios.
j) Bucurați-vă de prunele tale delicioase și parfumate poșate!

FORME GHEAȚATE

77.Forme de iaurt crocant

INGREDIENTE:
- 1 cană miere bună groasă
- 3 căni de iaurt grecesc gros
- 1 cană smântână groasă, bătută ușor
- 1 lingura extract pur de vanilie
- stropi de bomboane

INSTRUCȚIUNI:
a) Incalzeste mierea foarte putin doar pentru a o inmuia. Se amestecă iaurtul, frișca și vanilia și se toarnă într-un recipient puțin adânc pentru a se îngheța, amestecând cu o furculiță o dată sau de două ori. Congelați timp de 1 oră, despărțiți-le cu o furculiță și lăsați-o încă o oră până când se întărește, dar devine o lingură.

b) Tapetați o tavă cu hârtie antiaderență. Puneți forme de animal sau alte forme de tăiere pe tavă și umpleți cu înghețată, asigurându-vă că nivelați blaturile.

c) Întoarceți rapid la congelator timp de 1 până la 2 ore până când se întărește cu adevărat.

d) Când este gata de servire, împingeți cu grijă înghețata din forme pe o farfurie rece ca gheață. Lăsați 1 sau 2 minute pentru ca suprafața să înceapă să se înmoaie. Apoi, folosind una sau două frigărui de lemn, înmuiați-le pe una sau două părți într-un castron cu stropi. Reveniți imediat la congelator, pentru că vor începe să se topească foarte repede.

e) Pentru a servi, introduceți un bețișor de popsicle în fiecare.

78. Scoarță de iaurt înghețată cu fructe

INGREDIENTE:
- 2 cani de iaurt simplu grecesc
- 1-2 linguri miere sau sirop de arțar (opțional, pentru dulceață)
- 1 cană de fructe proaspete amestecate (cum ar fi fructe de pădure, kiwi feliat și mango)
- 1/4 cana granola sau nuci tocate (optional, pentru crocant)

INSTRUCȚIUNI:
a) Într-un castron, combinați iaurtul grecesc cu miere sau sirop de arțar, dacă doriți, amestecând până se omogenizează.
b) Tapetați o foaie de copt cu hârtie de copt sau un covor de silicon.
c) Întindeți amestecul de iaurt grecesc uniform pe foaia de copt pregătită, creând un strat subțire.
d) Peste stratul de iaurt se presară uniform fructele proaspete și granola sau nucile tocate, apăsându-le ușor pe suprafață.
e) Puneti foaia de copt in congelator si congelati 2-3 ore, sau pana cand iaurtul este complet inghetat.
f) Odată congelată, scoateți coaja de iaurt din congelator și rupeți-o în bucăți cu mâinile sau cu un cuțit.
g) Serviți imediat ca o gustare răcoritoare sau desert sau păstrați resturile într-un recipient ermetic în congelator.

79. Pops cu banane înmuiate în ciocolată

INGREDIENTE:
- 2 banane coapte, curatate de coaja si taiate in jumatate in cruce
- Bețișoare sau frigărui din lemn de popsicle
- 1 cană chipsuri de ciocolată neagră sau cu lapte
- 1 lingura ulei de cocos
- Topping-uri la alegere (cum ar fi nuci tocate, nucă de cocos mărunțită sau stropi)

INSTRUCȚIUNI:
a) Introduceți un bețișor din lemn sau o frigărui în fiecare jumătate de banană, asigurându-vă că este bine în poziție.
b) Așezați jumătățile de banane pe o foaie de copt tapetată cu hârtie de copt și lăsați-le la congelator timp de 1-2 ore, sau până când se întăresc.
c) Într-un castron sigur pentru cuptorul cu microunde, combinați chipsurile de ciocolată și uleiul de cocos. Puneți la microunde la intervale de 30 de secunde, amestecând între fiecare, până când ciocolata este topită și netedă.
d) Înmuiați fiecare jumătate de banană congelată în ciocolata topită, lăsând orice exces să se scurgă.
e) Presărați imediat toppingurile dorite peste bananele acoperite cu ciocolată înainte ca ciocolata să se înmulțească.
f) Pune pops-urile de banane înmuiate în ciocolată înapoi pe foaia de copt tapetată cu pergament și pune-le înapoi la congelator pentru a se întări complet.
g) Odată ce ciocolata este fermă, serviți imediat pop-urile de banane sau păstrați-le într-un recipient ermetic la congelator până când sunteți gata să le savurați.

MARMALADE

80.Marmeladă de ananas-habanero

INGREDIENTE:
- 1 ananas mediu, decojit și dezlipit 2 ardei iute habanero, feliați subțiri
- 1 cană zahăr
- Sucul și coaja rasă a 2 lime
- ¾ lingurita sare kosher
- 3 linguri de otet alb

INSTRUCȚIUNI:
a) Răziți ananasul pe găurile mari ale unei răzătoare cu cutie într-un castron mare. Rezervă sucul.
b) Într-o cratiță mare, combinați ananasul și sucul acestuia cu ardeiul iute, zahărul, sucul de lămâie și sarea. Se aduce la fierbere la foc mediu, apoi se reduce focul pentru a menține focul și se adaugă oțetul. Gatiti, amestecand ocazional, pana cand amestecul este suficient de gros pentru a acoperi partea din spate a lingurii, 8-10 minute. Se ia de pe foc, se adauga coaja de lamaie si se lasa sa se raceasca.
c) Păstrată într-un recipient ermetic la frigider, marmelada se va păstra până la 1 săptămână.

81.Marmeladă de portocale

INGREDIENTE:
- 4 portocale mari
- 1 lămâie
- 4 căni de zahăr granulat
- Apă

INSTRUCȚIUNI:
a) Spălați bine portocalele și lămâia. Tăiați-le în jumătate și strângeți-le cu sucul, rezervând sucul.
b) Scoateți pulpa și semințele din jumătățile de fructe cu suc și legați-le într-o cârpă de brânză.
c) Tăiați cojile de portocală și lămâie în fâșii subțiri sau segmente.
d) Puneți fâșiile de coajă de citrice și punga de pânză cu pulpă și semințe într-o oală mare. Adăugați suficientă apă pentru a acoperi cojile.
e) Aduceți amestecul la fierbere la foc mediu-înalt. Reduceți focul și fierbeți aproximativ 30 de minute, sau până când cojile sunt moi și fragede.
f) Scoateți punga din pânză de brânză și aruncați-o.
g) Măsurați cojile fierte și lichidul. Pentru fiecare cană de coji fierte și lichid, adăugați 1 cană de zahăr în oală.
h) Se amestecă zahărul până se dizolvă, apoi se aduce amestecul la fierbere la foc mediu-mare.
i) Se fierbe amestecul de marmeladă, amestecând des, până ajunge la stadiul de gel și se îngroașă, de obicei aproximativ 20-25 de minute.
j) Se ia vasul de pe foc si se lasa marmelada sa se raceasca putin inainte de a o transfera in borcane sterilizate.
k) Sigilați borcanele și lăsați marmelada să se răcească complet înainte de a o da la frigider. Va continua să se îngroașe pe măsură ce se răcește.

82. Marmeladă de lămâie

INGREDIENTE:
- 6 lămâi mari
- 4 căni de zahăr granulat
- Apă

INSTRUCȚIUNI:
a) Spălați bine lămâile și tăiați-le felii subțiri, aruncând capetele. Scoateți și rezervați orice semințe.
b) Puneți feliile de lămâie într-o oală mare și acoperiți-le cu apă. Adăugați semințele rezervate într-o pungă din pânză și legați-o.
c) Aduceți oala la fierbere la foc mediu-mare, apoi reduceți focul și fierbeți timp de aproximativ 30 de minute, sau până când feliile de lămâie sunt fragede.
d) Scoateți punga de pânză cu semințe și aruncați-o.
e) Măsurați feliile de lămâie fierte și lichidul. Pentru fiecare cană de felii de lămâie fierte și lichid, adăugați 1 cană de zahăr în oală.
f) Se amestecă zahărul până se dizolvă, apoi se aduce amestecul la fierbere la foc mediu-mare.
g) Se fierbe amestecul de marmeladă, amestecând des, până ajunge la stadiul de gel și se îngroașă, de obicei aproximativ 20-25 de minute.
h) Se ia vasul de pe foc si se lasa marmelada sa se raceasca putin inainte de a o transfera in borcane sterilizate.
i) Sigilați borcanele și lăsați marmelada să se răcească complet înainte de a o da la frigider. Va continua să se îngroașe pe măsură ce se răcește.

83. Marmeladă de grepfrut

INGREDIENTE:
- 4 grepfruturi mari
- 4 căni de zahăr granulat
- Apă

INSTRUCȚIUNI:
a) Spălați bine grapefruit-urile și tăiați-le felii subțiri, aruncând capetele. Scoateți și rezervați orice semințe.
b) Puneți feliile de grepfrut într-o oală mare și acoperiți-le cu apă. Adăugați semințele rezervate într-o pungă din pânză și legați-o.
c) Aduceți oala la fierbere la foc mediu-mare, apoi reduceți focul și fierbeți timp de aproximativ 30 de minute, sau până când feliile de grapefruit sunt fragede.
d) Scoateți punga de pânză cu semințe și aruncați-o.
e) Măsurați feliile de grapefruit fierte și lichidul. Pentru fiecare cană de felii și lichid de grapefruit fierte, adăugați 1 cană de zahăr în oală.
f) Se amestecă zahărul până se dizolvă, apoi se aduce amestecul la fierbere la foc mediu-mare.
g) Se fierbe amestecul de marmeladă, amestecând des, până ajunge la stadiul de gel și se îngroașă, de obicei aproximativ 20-25 de minute.
h) Se ia vasul de pe foc si se lasa marmelada sa se raceasca putin inainte de a o transfera in borcane sterilizate.
i) Sigilați borcanele și lăsați marmelada să se răcească complet înainte de a o da la frigider. Va continua să se îngroașe pe măsură ce se răcește.

84. Marmeladă de Zmeură

INGREDIENTE:
- 4 cani de zmeura proaspata
- 2 căni de zahăr granulat
- 1 lămâie, suc

INSTRUCȚIUNI:
a) Într-o oală mare, combinați zmeura, zahărul și sucul de lămâie.
b) Gatiti la foc mediu, amestecand din cand in cand, pana cand zmeura se descompun si amestecul se ingroasa, aproximativ 20-25 de minute.
c) Folosiți un zdrobitor de cartofi sau un blender de imersie pentru a descompune bucățile mari de fructe rămase.
d) Continuati sa gatiti amestecul pana ajunge la grosimea dorita, inca 10-15 minute.
e) Se ia oala de pe foc si se lasa marmelada de zmeura sa se raceasca putin.
f) Transferați marmelada în borcane sterilizate și lăsați-o să se răcească complet înainte de a o da la frigider.

85. Marmeladă de căpșuni

INGREDIENTE:
- 4 cesti de capsuni proaspete, decojite si tocate
- 2 căni de zahăr granulat
- 1 lămâie, suc

INSTRUCȚIUNI:
a) Într-o oală mare, combinați căpșunile, zahărul și sucul de lămâie.
b) Gatiti la foc mediu, amestecand din cand in cand, pana se descompun capsunile si amestecul se ingroasa, aproximativ 20-25 de minute.
c) Folosiți un zdrobitor de cartofi sau un blender de imersie pentru a descompune bucățile mari de fructe rămase.
d) Continuati sa gatiti amestecul pana ajunge la grosimea dorita, inca 10-15 minute.
e) Se ia oala de pe foc si se lasa marmelada de capsuni sa se raceasca putin.
f) Transferați marmelada în borcane sterilizate și lăsați-o să se răcească complet înainte de a o da la frigider.

86. Marmeladă mixtă de fructe de pădure

INGREDIENTE:
- 2 cesti de fructe de padure amestecate (cum ar fi afine, mure si zmeura)
- 2 căni de zahăr granulat
- 1 lămâie, suc

INSTRUCȚIUNI:

a) Într-o oală mare, amestecați fructele de pădure, zahărul și sucul de lămâie.

b) Gatiti la foc mediu, amestecand din cand in cand, pana cand fructele de padure se descompun si amestecul se ingroasa, aproximativ 20-25 de minute.

c) Folosiți un zdrobitor de cartofi sau un blender de imersie pentru a descompune bucățile mari de fructe rămase.

d) Continuati sa gatiti amestecul pana ajunge la grosimea dorita, inca 10-15 minute.

e) Se ia oala de pe foc si se lasa marmelada de fructe de padure amestecata sa se raceasca putin.

f) Transferați marmelada în borcane sterilizate și lăsați-o să se răcească complet înainte de a o da la frigider.

TOPPINGURI DE FRȘ Ș INĂ

87.Frisca Vanilie Si Tequila

INGREDIENTE:
- 1 cană smântână rece
- 2 linguri zahar
- 1 boabe de vanilie, despicată pe lungime, sau 1 linguriță extract pur de vanilie
- 1½ linguriță tequila reposado sau añejo (opțional)

INSTRUCȚIUNI:
a) Puneți un vas din oțel inoxidabil și un tel în congelator și lăsați să se răcească timp de 10 până la 15 minute.
b) În vasul răcit, combinați smântâna și zahărul. Dacă folosiți o boabe de vanilie, folosiți un cuțit de tăiat pentru a răzui semințele de pe jumătate de păstaie și adăugați semințele la amestecul de cremă.
c) Cu telul racit, batem pana cand crema tine varfuri moi cand telul este ridicat.
d) Adaugă tequila (și extractul de vanilie, dacă folosești). Continuați să amestecați până când crema ține vârfuri medii tari. Utilizați imediat sau acoperiți cu folie de plastic și lăsați la frigider până la 2 zile. (Dacă este la frigider, bateți din nou timp de 10 până la 15 secunde chiar înainte de utilizare.)

88. Frisca de ciocolata

INGREDIENTE:
- 1 cană smântână grea pentru frișcă
- 2 linguri pudra de cacao
- 2 linguri de zahar pudra
- 1/2 lingurita extract de vanilie

INSTRUCȚIUNI:
a) Răciți un bol de amestecare și bătăi de bătut la congelator pentru aproximativ 15 minute.
b) În bolul răcit, combinați smântâna grea pentru frișcă, pudra de cacao, zahărul pudră și extractul de vanilie.
c) Bateți amestecul cu bătăile răcite până se formează vârfuri tari.
d) Puneți smântâna de ciocolată deasupra sundaesului și decorați cu așchii sau stropi de ciocolată, dacă doriți.

89.Frisca de fructe de padure

INGREDIENTE:
- 1 cană smântână grea pentru frișcă
- 2 linguri de zahar pudra
- 1/2 cană fructe de pădure proaspete (cum ar fi căpșuni, zmeură sau afine)
- 1/2 lingurita extract de vanilie

INSTRUCȚIUNI:
a) Răciți un bol de amestecare și bătăi de bătut la congelator pentru aproximativ 15 minute.
b) În bolul răcit, combinați smântâna grea pentru frișcă, zahărul pudră, fructele de pădure și extractul de vanilie.
c) Bateți amestecul cu bătăile răcite până se formează vârfuri tari și fructele de pădure sunt încorporate.
d) Puneți smântâna de fructe de pădure deasupra sundaes-urilor și garniți cu fructe de pădure proaspete suplimentare, dacă doriți.

90.Frisca de Caramel Sarat

INGREDIENTE:
- 1 cană smântână grea pentru frișcă
- 2 linguri de zahar pudra
- 2 linguri de sos de caramel sarat (cumparat din magazin sau de casa)
- 1/2 lingurita extract de vanilie

INSTRUCȚIUNI:
a) Răciți un bol de amestecare și bătăi de bătut la congelator pentru aproximativ 15 minute.
b) În bolul răcit, combinați smântâna grea pentru frișcă, zahărul pudră, sosul de caramel sărat și extractul de vanilie.
c) Bateți amestecul cu bătăile răcite până se formează vârfuri tari.
d) Puneți smântâna de caramel sărat peste sundaes și stropiți cu un plus de sos de caramel sărat pentru un plus de aromă.

91.Frişcă de cafea

INGREDIENTE:
- 1 cană smântână grea pentru frișcă
- 2 linguri de zahar pudra
- 1 lingură granule de cafea instant sau pudră espresso
- 1/2 lingurita extract de vanilie

INSTRUCȚIUNI:
a) Răciți un bol de amestecare și bătăi de bătut la congelator pentru aproximativ 15 minute.
b) În bolul răcit, combinați smântâna grea pentru frișcă, zahărul pudră, granulele de cafea instant sau pudra de espresso și extractul de vanilie.
c) Bateți amestecul cu bătăile răcite până se formează vârfuri tari.
d) Puneți frișca de cafea peste sundaes și stropiți cu granule de cafea suplimentare sau boabe de cafea acoperite cu ciocolată pentru decor.

92.Frisca de lamaie

INGREDIENTE:
- 1 cană smântână grea pentru frișcă
- 2 linguri de zahar pudra
- Zest de 1 lămâie
- 1 lingura suc de lamaie
- 1/2 lingurita extract de vanilie

INSTRUCȚIUNI:
a) Răciți un bol de amestecare și bătăi de bătut la congelator pentru aproximativ 15 minute.
b) În bolul răcit, combinați smântâna grea pentru frișcă, zahărul pudră, coaja de lămâie, sucul de lămâie și extractul de vanilie.
c) Bateți amestecul cu bătăile răcite până se formează vârfuri tari.
d) Puneți smântâna de lămâie deasupra sundaesului și garniți cu coajă suplimentară de lămâie sau felii de lămâie pentru o aromă strălucitoare și răcoritoare.

93.Frișcă de marshmallow prăjită

INGREDIENTE:
- 1 cană smântână grea pentru frișcă
- 2 linguri de zahar pudra
- 1/2 lingurita extract de vanilie
- 4 bezele, prăjite

INSTRUCȚIUNI:
a) Răciți un bol de amestecare și bătăi de bătut la congelator pentru aproximativ 15 minute.
b) Într-un castron mic, zdrobiți marshmallow-urile prăjite cu o furculiță până se omogenizează.
c) În bolul de amestecare răcit, combinați smântâna grea pentru frișcă, zahărul pudră și extractul de vanilie.
d) Bateți amestecul cu bătăile răcite până se formează vârfuri moi.
e) Încorporați ușor bezele prăjite până când se distribuie uniform.
f) Puneți frișca de marshmallow prăjită peste sundaes și stropiți cu bezele prăjite suplimentare pentru o răsucire distractivă și indulgentă.

COOKIE ȘI PRODUSE DE COAPTE

94. Bucăți de Brownie

INGREDIENTE:
- 1/2 cana unt nesarat
- 1 cană zahăr granulat
- 2 ouă mari
- 1 lingurita extract de vanilie
- 1/3 cană pudră de cacao neîndulcită
- 1/2 cană făină universală
- 1/4 lingurita sare
- 1/4 lingurita praf de copt

INSTRUCȚIUNI:
a) Preîncălziți cuptorul la 350 ° F (175 ° C) și ungeți o tavă pătrată de copt de 8 inchi.
b) Într-o cratiță medie, topește untul la foc mic. Se ia de pe foc și se amestecă zahărul, ouăle și extractul de vanilie până se combină bine.
c) Adăugați praf de cacao, făină, sare și praf de copt la amestec, amestecând până la omogenizare.
d) Turnați aluatul în tava pregătită și întindeți-l uniform.
e) Coaceți 25-30 de minute sau până când o scobitoare introdusă în centru iese cu firimituri umede (nu aluat umed).
f) Lăsați brownies-urile să se răcească complet în tigaie înainte de a le tăia în bucăți mici pentru a le folosi ca topping pentru sundaes.

95. Prăjiturele scurte

INGREDIENTE:
- 1 cană unt nesărat, înmuiat
- 1/2 cană zahăr pudră
- 2 căni de făină universală
- 1/4 lingurita sare
- 1 lingurita extract de vanilie

INSTRUCȚIUNI:
a) Preîncălziți cuptorul la 350 ° F (175 ° C) și tapetați o tavă de copt cu hârtie de copt.
b) Într-un castron mare, cremă untul înmuiat și zahărul pudră până devine ușor și pufos.
c) Adăugați extractul de vanilie și amestecați până se omogenizează bine.
d) Adăugați treptat făina și sarea în amestecul de unt, amestecând până se formează un aluat.
e) Întindeți aluatul pe o suprafață ușor făinată la aproximativ 1/4 inch grosime.
f) Folosiți forme pentru prăjituri pentru a tăia forme din aluat și așezați-le pe foaia de copt pregătită.
g) Coaceți 10-12 minute sau până când marginile sunt ușor aurii.
h) Lăsați prăjiturile scurte să se răcească pe foaia de copt câteva minute înainte de a le transfera pe un grătar pentru a se răci complet. Odată răcit, folosiți-le ca topping pentru sundaes.

96. Biscuiți cu fulgi de ovăz

INGREDIENTE:
- 1/2 cană unt nesărat, înmuiat
- 1/2 cană zahăr brun, ambalat
- 1/4 cană zahăr granulat
- 1 ou mare
- 1 lingurita extract de vanilie
- 3/4 cană făină universală
- 1/2 lingurita de bicarbonat de sodiu
- 1/2 lingurita de scortisoara macinata
- 1/4 lingurita sare
- 1 1/2 cană de ovăz de modă veche

INSTRUCȚIUNI:
a) Preîncălziți cuptorul la 350 ° F (175 ° C) și tapetați o tavă de copt cu hârtie de copt.
b) Într-un castron mare, cremă împreună untul înmuiat, zahărul brun și zahărul granulat până devine ușor și pufos.
c) Adăugați oul și extractul de vanilie la amestec, batând bine pentru a se combina.
d) Într-un castron separat, amestecați făina, bicarbonatul de sodiu, scorțișoara și sarea.
e) Adăugați treptat ingredientele uscate la ingredientele umede, amestecând până se combină bine.
f) Se amestecă ovăzul de modă veche până se distribuie uniform în aluat.
g) Puneți linguri de aluat pe foaia de copt pregătită, distanțandu-le la aproximativ 2 inci.
h) Coaceți 10-12 minute sau până când marginile sunt ușor aurii.
i) Lăsați fursecurile să se răcească pe tava de copt câteva minute înainte de a le transfera pe un grătar pentru a se răci complet. Odată ce s-au răcit, sfărâmați-le în bucăți mici pentru a le folosi ca topping pentru sundaes.

97. Mușcături din aluat de biscuiți cu ciocolată

INGREDIENTE:
- 1/2 cană unt nesărat, înmuiat
- 1/4 cană zahăr granulat
- 1/2 cană zahăr brun la pachet
- 1 lingurita extract de vanilie
- 1 cană făină universală
- Vârf de cuțit de sare
- 2 linguri de lapte
- 1/2 cană mini chipsuri de ciocolată

INSTRUCȚIUNI:
a) Într-un castron, cremă împreună untul înmuiat, zahărul granulat și zahărul brun până se omogenizează.
b) Adăugați extractul de vanilie și amestecați pana se omogenizează bine.
c) Adăugați treptat făina și sarea în amestecul de unt, amestecând până se formează un aluat.
d) Se amestecă laptele până când aluatul capătă o consistență netedă.
e) Încorporați mini-chipsurile de ciocolată până se distribuie uniform în aluat.
f) Rulați aluatul în bile mici de mărimea unei mușcături și așezați-le pe o tavă de copt tapetată cu pergament.
g) Răciți mușcăturile de aluat de fursecuri la frigider pentru cel puțin 30 de minute pentru a se întări.
h) Odată răcit, serviți mușcăturile de aluat de prăjituri cu ciocolată ca topping pentru sundaes sau păstrați-le într-un recipient ermetic la frigider până când sunt gata de utilizare.

98. Blondie Squares

INGREDIENTE:
- 1/2 cana unt nesarat, topit
- 1 cană zahăr brun deschis, ambalat
- 1 ou mare
- 1 lingurita extract de vanilie
- 1 cană făină universală
- 1/2 lingurita praf de copt
- 1/4 lingurita sare
- 1/2 cana chipsuri de ciocolata alba (optional)

INSTRUCȚIUNI:
a) Preîncălziți cuptorul la 350 ° F (175 ° C) și ungeți o tavă pătrată de copt de 8 inchi.
b) Într-un castron, amestecați untul topit și zahărul brun până se omogenizează.
c) Adăugați oul și extractul de vanilie la amestec, amestecând până se omogenizează bine.
d) Într-un castron separat, cerne împreună făina, praful de copt și sarea.
e) Adăugați treptat ingredientele uscate la ingredientele umede, amestecând până se combină.
f) Încorporați fulgii de ciocolată albă, dacă folosiți.
g) Întindeți aluatul uniform în tava pregătită.
h) Coacem 20-25 de minute sau pana cand blatul este maro auriu si o scobitoare introdusa in centru iese curata.
i) Lăsați blondiile să se răcească în tavă timp de 10 minute înainte de a le transfera pe un grătar pentru a se răci complet. După ce s-au răcit, tăiați-le în pătrate pentru a le folosi ca topping pentru sundaes.

99.Bucăți de conuri de vafe

INGREDIENTE:
- 4 conuri de vafe
- 2 linguri de unt nesarat, topit
- 2 linguri zahar granulat (optional)

INSTRUCȚIUNI:
a) Preîncălziți cuptorul la 350°F (175°C).
b) Rupeți conurile de vafe în bucăți mici și puneți-le într-un bol de amestecare.
c) Stropiți untul topit peste bucățile de con și amestecați pentru a se acoperi uniform. Se presara cu zahar granulat, daca se doreste, pentru un plus de dulceata.
d) Întindeți bucățile de con acoperite într-un singur strat pe o foaie de copt tapetată cu hârtie de copt.
e) Coacem 5-7 minute, amestecand din cand in cand, pana cand bucatile devin aurii si crocante.
f) Lăsați bucățile de conuri de vafe să se răcească complet înainte de a le folosi ca topping pentru sundaes.

100. Biscotti

INGREDIENTE:
- 2 căni de făină universală
- 1 lingurita praf de copt
- 1/4 lingurita sare
- 1/2 cană unt nesărat, înmuiat
- 3/4 cană zahăr granulat
- 2 ouă mari
- 1 lingurita extract de vanilie
- 1/2 cana migdale tocate sau alte nuci (optional)

INSTRUCȚIUNI:
a) Preîncălziți cuptorul la 350 ° F (175 ° C) și tapetați o tavă de copt cu hârtie de copt.
b) Într-un castron mediu, amestecați făina, praful de copt și sarea.
c) Într-un castron separat, cremă împreună untul înmuiat și zahărul granulat până devine ușor și pufos.
d) Bateți ouăle, pe rând, până se omogenizează bine. Se amestecă extractul de vanilie.
e) Adăugați treptat ingredientele uscate la ingredientele umede, amestecând până se formează un aluat.
f) Îndoiți nucile tocate, dacă folosiți.
g) Împărțiți aluatul în jumătate și modelați fiecare jumătate într-un buștean de aproximativ 12 inci lungime și 2 inci lățime.
h) Puneți buștenii pe foaia de copt pregătită, distanțați-le la câțiva centimetri.
i) Coaceți timp de 25-30 de minute, sau până când buștenii sunt aurii și fermi la atingere.
j) Scoatem din cuptor si lasam bustenii sa se raceasca pe tava timp de 10 minute.
k) Transferați buștenii pe o placă de tăiat și folosiți un cuțit ascuțit pentru a le tăia în diagonală în felii groase de 1/2 inch.
l) Puneți feliile de biscotti tăiate în jos pe foaia de copt și coaceți încă 10-15 minute, sau până când sunt crocante și aurii.
m) Lăsați biscottii să se răcească complet înainte de a le folosi ca topping pentru sundaes.

CONCLUZIE

Pe măsură ce ne încheiem călătoria prin „CARTEA DE REȚETE BARURI DE ÎNGHEȚATĂ DE NEEGALAT", sperăm că ați fost inspirat să vă dezlănțuiți creativitatea și să vă răsfățați cu dulcea bucurie de a vă construi propriile vise de înghețată. Indiferent dacă sunteți un fan al sundaes-urilor clasice sau dornici să experimentați cu noi arome și toppinguri, nu există limită pentru combinațiile delicioase pe care le puteți crea cu aceste rețete.

Pe măsură ce continuați să explorați lumea batoanelor sundae, fie ca fiecare creație de înghețată pe care o construiți să vă aducă bucurie, satisfacție și multe zâmbete. Fie că le împărtășiți cu prietenii și familia sau vă bucurați de ele singur, fie că experiența de a construi și de a savura aceste deserturi delicioase să vă aducă fericire în ziua și să vă creeze amintiri prețuite care să dureze toată viața.

Vă mulțumim că vi-ați alăturat nouă în această călătorie aromată prin lumea sundae-urilor. Fie ca înghețata să fie culeasă cu generozitate, toppingurile să fie îngrămădite și papilele gustative să fie încântate cu fiecare lingură. Până ne reîntâlnim, clădire sundae fericită și poftă bună!

www.ingramcontent.com/pod-product-compliance
Lightning Source LLC
Chambersburg PA
CBHW050152130526
44591CB00033B/1261